2. Auflage   Jenny Menzel
NEUSEELAND
NORDINSEL
50 Highlights abseits der ausgetretenen Pfade

360° medien
mettmann

IMPRESSUM

Neuseeland – Nordinsel
50 Highlights abseits der ausgetretenen Pfade
Jenny Menzel

Bibliografische Information der Deutschen Bibliothek
Die Deutsche Bibliothek verzeichnet diese Publikation in der deutschen Nationalbibliografie. Detaillierte bibliografische Daten sind im Internet über dnb.ddb.de abrufbar

© 2. Auflage 2018 360° medien gbr mettmann
Marie-Curie-Straße 31 I 40822 Mettmann I www.360grad-medien.de

Das Werk ist in allen seinen Teilen urheberrechtlich geschützt. Jede Verwertung außerhalb der engen Grenzen des Urheberrechtsgesetzes ist ohne Zustimmung des Verlags unzulässig. Dies gilt insbesondere für Vervielfältigungen, Übersetzungen, Mikroverfilmungen und die Einspeicherung sowie Verarbeitung in elektronischen Systemen.

Der Inhalt des Werkes wurde sorgfältig recherchiert, ist jedoch teilweise der Subjektivität unterworfen und bleibt ohne Gewähr für Richtigkeit, Vollständigkeit und Aktualität.

Redaktion und Lektorat: Andreas Walter

Satz und Layout: Serpil Sevim-Haase

Gedruckt und gebunden:
Lensing Druck GmbH & Co. KG I Feldbachacker 16 I 44149 Dortmund
www.lensing-druck.de

ISBN: 978-3-947164-56-1
Hergestellt in Deutschland

www.360grad-medien.de

Einsame, wilde Strände hat das Northland im Überfluss zu bieten

Far North und Northland

1. Pakiri Beach: Top-Kandidat für Neuseelands schönsten Strand

Ein richtig typisch neuseeländischer Strand ist nicht nur atemberaubend schön, sondern auch wild, abgelegen und einsam. Pakiri Beach, am Ende einer langen, furchtbar schlechten Schotterstraße, könnte durchaus Neuseelands typischster – und schönster Strand sein.

Von Auckland bis nach Pakiri sind es, glaubt man dem Routenplaner, nur 88 Kilometer. Aber die ziehen sich – nicht nur, weil man unterwegs ständig verführt ist, aus dem Auto zu springen und die liebliche Schönheit der Hibiscus Coast zu bewundern. Der SH 1 führt auf seinem Weg nach Norden an so vielen verlockenden Stränden und netten kleinen Ortschaften vorbei, dass der Tagesausflug nach Pakiri durchaus eine Woche brauchen könnte.

Pakiri Beach

Ein weiteres Argument dafür, ein wenig mehr Zeit einzuplanen, ist der Zustand des letzten Stücks Straße. Hat man das Klappern, Schaukeln und Ächzen auf den etwa zehn Kilometern Gravel Road hinter sich und steigt mit schmerzendem Rücken aus dem arg geschüttelten Campervan, erscheint der in flirrender Ruhe daliegende Pakiri Beach tatsächlich wie ein kleines Paradies.

Wer nicht gerade während der Sommerferien an einem Wochenende herkommt, der kann hier, nur einen Katzensprung von Auckland entfernt, wahre Einsamkeit genießen und in die grandiose, unberührte Natur eintauchen. Allenfalls ein paar unerschrockene Surfer und Angler wird man auf dem hunderte Meter breiten, 14 Kilometer langen Sandstrand entdecken, oder ein Hochzeitspaar posiert auf dem gleißend hellen Sand vor einem Stück Treibholz (die alte Holzkirche im Örtchen Pakiri ist ein beliebter Ort für die Eheschließung).

Still ist es allerdings nicht. Die starke Strömung vor der Küste des Pazifiks sorgt fast durchgehend für eine „gute Welle" und erzeugt wahrhaft gigantische Brecher, die sich Stunde um Stunde mit donnerndem Krachen

Far North und Northland

am Strand brechen. Schwimmen ist bei diesem Wellengang ein Ding der Unmöglichkeit, einige Surfer wagen sich hier nur mit Helm ins Wasser.

Warum Pakiri Beach trotzdem bei einheimischen Familien beliebt ist? Das Geheimnis ist der schmale Poutawa River, der genau neben dem Campingplatz ins Meer mündet. Er gräbt sich in einer tiefen Schneise durch die Dünen, wobei sein klares Süßwasser mit so hoher Geschwindigkeit

Strand-Idylle für jedermann

dahinschießt, dass man sich in einem Strömungskanal wähnt – entsprechenden Spaß haben die kreischenden und juchzenden Kinder und Papas. Danach verzweigt sich das Flussbett in unzählige kleine Wasserarme, die über den breiten Sandstrand ins Meer laufen und dabei ideale Plansch-Bedingungen für die Kleinsten bieten.

Drei Kilometer des Strandes wurden 2005 vom Auckland Regional Council gekauft, ergänzt von einem Stück Hinterland im Jahr 2010. In diesem Schutzgebiet leben unter anderem die einzigen *fairy terns* auf dem neuseeländischen Festland, auch die *Sand tussock*-Gräser sind in der ganzen Umgebung von Auckland nur hier anzutreffen. Einige Wander- und Reitwege führen hinter den Dünen durch Pohutukawa-Wälder und auf das im Süden angrenzende Stück Steilküste und bieten beeindruckende Panoramen auf die Küstenlinie zu beiden Seiten.

Far North und Northland

Info

Lage: Pakiri Beach liegt an der Ostküste der Nordinsel, etwa 9 Kilometer nördlich von Leigh oder 88 Kilometer nördlich von Auckland. Vermeidet man die *northern gateway toll road* zwischen Silverdale und Puhoi, sind es 93 Kilometer – und der kleine Umweg über den SH 17 ist absolut empfehlenswert, wenn man es nicht eilig hat.

Anfahrt: Von Süden auf SH 1/SH 17 über Orewa bis Warkworth fahren. Dort an der Ampel rechts abbiegen und über Sandspit Road/Matakana Road ca. 9 Kilometer nach Matakana fahren. Dort im Kreisverkehr links auf Matakana Valley Road abbiegen, nach 10 Kilometern scharf rechts auf Pakiri Road abbiegen und weitere 10 Kilometer bis nach Pakiri fahren. Nach der Pakiri Domain noch einmal links auf Pakiri River Road abbiegen und 2,5 Kilometer bis zum Strand fahren. Die Strecke von 88 bzw. 93 Kilometern ist in knapp zwei Stunden geschafft; die letzten Kilometer der Straße sind geschottert und sollten nur langsam befahren werden!

Öffnungszeiten: immer; in der Nebensaison ist Pakiri Beach oft wie ausgestorben, in den neuseeländischen Sommerferien und an warmen Wochenenden kommen jedoch viele Kiwi-Familien und Surfer an den Strand und auf den Campingplatz.

Eintritt: nichts

Aktivitäten: Neben Baden und Surfen kann man geführte Ausritte am Strand buchen oder Haie und Rochen angeln.
Der Parkplatz am Strand ist kostenlos und mit einem blitzsauberen Sanitärgebäude ausgestattet, das sogar Duschen bietet.

Achtung: Am Pakiri Beach gibt es keine Rettungsschwimmer! Snacks und Getränke, Wasserspielzeug und Ähnliches kann man in Pakiri oder im Shop des Campingplatzes kaufen. Für Sonnenschutz muss auf jeden Fall selbst gesorgt werden. Der oft vorherrschende starke Wind ist eine Herausforderung für Strandmuscheln und Sonnenschirme!
Ganz in der Nähe liegt das Schnorchel- und Tauchrevier Goat Island Marine Reserve. Ausrüstung und Informationen gibt es im Örtchen Leigh.

Unterkünfte:
Pakiri Beach Holiday Park, großer, parzellierter Platz mit *Powered Sites*, *Cabins* und Ferienhäusern direkt hinter den Dünen, 261 Pakiri River Road, Wellsford, Tel.: +64-9 422 6199, E-Mail: info@pakiriholidaypark.co.nz, Web: www.pakiriholidaypark.co.nz

2. Te Koutu Boulders: die großen Brüder von Moeraki

Kein Neuseeland-Kalender kommt ohne eine Abbildung der Moeraki Boulders aus – geheimnisvolle Steinkugeln, die wie von Riesenhand verstreut am flachen Strand liegen. Kaum einer der vielen Touristen, die an den Moeraki Boulders um den besten Schnappschuss wetteifern, weiß, dass man noch mehr und noch größere *boulders* auch anderswo in Neuseeland findet – unter anderem am Rand des Hokianga Harbour.

Auf dem Weg zum Ninety Mile Beach und zum Cape Reinga brausen die meisten Besucher direkt an der Mündung des verschlafenen Hokianga Harbour vorbei – und verpassen dabei ein echtes Highlight, das in keinem Reiseführer steht. Nur die Einheimischen wissen, dass hier, gleich am südlichen Rand des tief ins Landesinnere ragenden Meeresarms bei Opononi, ein echter Geheimtipp wartet.

Versteckt am Strand von Koutu liegen riesige Steinkugeln

Far North und Northland

Ganz ohne Besuchergedrängel kann man bei einem Spaziergang am Ufer der Bucht hinter dem Örtchen Koutu eine ganze Menge der mysteriösen kugelrunden Steinkugeln entdecken, für die Moeraki auf der Südinsel Neuseelands so berühmt ist. Während dort der wilde Pazifik auf einen breiten, flachen Sandstrand donnert und man kreativ werden muss, um ein schönes Foto ohne andere Touristen im Hintergrund zu machen, ist es hier oben im Northland, wo sanfte Wellen unter hohen Bäumen träge ans Ufer schwappen, viel ruhiger.

Eine besinnliche, fast einschläfernde Stille umgibt die wenigen Strandläufer, die hin und wieder herkommen und bei Ebbe staunend von Kugel zu Kugel spazieren. Dabei müssen sie nur achtgeben, dass die sanft hereinströmende Flut ihnen nicht den Rückweg abschneidet. Dann heißt es, im tiefer werdenden Wasser zurückstapfen und sich dabei tunlichst nicht die Füße an den scharfkantigen Muscheln verletzen, denen die Koutu Boulders als Lebensraum dienen (und die nebenbei eine leckere Mahlzeit abgeben).

Die Koutu Boulders sind übrigens nicht nur zahlreicher als ihre berühmten Vettern, sondern auch viel größer. Die Giganten unter ihnen bringen es auf über fünf Meter Durchmesser! Zwischen Koutu Point und Kauwhare Point liegen sie dicht an dicht am Strand und in den Uferfelsen. Hätte man eine Schaufel und viel Zeit, würde man beim Graben hinter der Uferzone noch viel mehr von ihnen entdecken.

Die kugelrunden Kalk-Konkretionen bilden sich seit fünf Millionen Jahren um organische Kerne herum; am Strand von Katikati, südlich von Moeraki auf der Südinsel Neuseelands, kann man diese Fossilien (und zwar waschechte Dinosaurier-Knochen!) im Inneren zerfallener Kugeln am besten sehen. Wie bei der Zersetzung der organischen Materie Karbonate entstehen, die sich in kalkhaltigen Gesteinsschichten kugelförmig aufeinanderschichten, wird im hervorragenden und kostenlosen *Otago Museum* in Dunedin genauer erklärt.

Fest steht, dass das Meer die Kugeln im Laufe der Zeit aus dem Boden löst und sie dann an den Strand kullern – so einfach, so langweilig. Die Maori sehen in den Moeraki Boulders dagegen die versteinerten Vorräte, die aus dem Kanu ihrer Vorfahren aus Hawaiki gefallen sind. Was sie zu den Koutu Boulders gesagt haben, ist nicht überliefert.

Far North und Northland

Info

Lage: Am Hokianga Harbour, ca. 6 Kilometer nördlich von Opononi; 19 Waione Rd, GPS: -35.4667246,173.4179742

Anfahrt: Von Opononi etwa 6 Kilometer in Richtung Kaikohe fahren, auf Koutu Loop Road etwa 1 Kilometer nach Koutu links abbiegen auf die geschotterte Waione Road. Nach etwa 100 Metern parken und an den Strand laufen; rechterhand liegen von hier an immer mehr und größere Boulders.

Zweite Zugangsmöglichkeit mit weniger, aber größeren Steinkugeln: An der Gabelung der Waione Road rechts abbiegen auf Cabbage Tree Bay Road, nach etwa 750 Metern nach der Einfahrt zur Hausnummer 76 auf dem kleinen Parkplatz am rechten Straßenrand parken und den steilen, grasüberwucherten Pfad nach links zum Strand hinabsteigen. Nach etwa 30 Minuten Laufen nach rechts gelangt man zu den größten der Koutu Boulders.

Öffnungszeiten: immer; am besten zugänglich bei kompletter Ebbe, ansonsten ist ein wenig Kraxelei über Steine nötig

Eintritt: nichts

Aktivitäten: Der Weg ist für alt und jung geeignet, allenfalls ein wenig Kletterei am Strandzugang ist nötig. Keinen Buggy mitnehmen, aber (im Sommer) genügend Wasser!

Vorsicht: Die Te Koutu Boulders liegen nur bei kompletter Ebbe vollständig trocken und sind im unteren Bereich zum Teil stark mit scharfkantigen Muscheln bewachsen. Es ist nicht ratsam, barfuß zwischen den Boulders herumzulaufen oder auf ihnen herumzuklettern!

Unterkünfte:

- *Opononi Beach Holiday Park*: direkt gegenüber dem Hokianga Harbour, mit Blick auf die Te Paki Sand Dunes; BBQ, Spielplatz, Badegelegenheit; Powered Site 20 NZD/Erwachsener, 10 NZD/Kind bis 14 Jahre, 3 NZD/Kind bis 5 Jahre; 43 SH 12, Opononi 0445, Tel.: +64 9-405 8791, E-Mail: harrybarlow@xtra.co.nz, Web: www.opononibeachholidaypark.co.nz
- *Opononi Lighthouse Motel:* typisch neuseeländisches, schlichtes Motel direkt am Strand, mit Whirlpool und BBQ, DZ ab 115 NZD, 45 SH 12, Opononi 0445, Tel.: +64 9-405 8826, E-Mail: info@lighthousemotel.co.nz, Web: www.lighthousemotel.co.nz

Far North und Northland

Die Te Koutu Boulders sind zum Teil viel größer als ihre berühmten Brüder

3. Giant Sand Dunes: sandiges Vergnügen in Te Paki

Die bis zu 50 Meter hohen Sanddünen hinter dem Örtchen Te Paki sieht jeder, der einen Ausflug zum Cape Reinga oder zum Ninety Mile Beach macht. Nicht jeder weiß aber, dass man auf diesen Dünen einen Heidenspaß beim Sand-Surfen haben kann. Ein Zwischenstopp lohnt sich!

Schon von weitem wundert man sich, was da bei der Anfahrt zum Cape Reinga am Horizont so hell zwischen dem ewigen Grün der sanften Hügel des Northland leuchtet. Die Te Paki Sand Dunes bedecken ein Areal von etwa sieben Quadratkilometern. Die größten Dünen Neuseelands sind nicht nur enorm eindrucksvoll, sondern machen auch jede Menge Spaß.

Far North und Northland

Die Sandmassen, die sich hier an der nördlichsten Spitze Neuseelands angesammelt haben, sind wie so oft Hinterlassenschaften von Vulkanausbrüchen im Zentrum der Nordinsel. Die dabei aufgewirbelten Sedimente wurden im Laufe der Zeit von der Meeresströmung, den Flüssen und dem Wind an die Küsten transportiert. Anders als im Rest des Landes hat es die Vegetation einfach noch nicht geschafft, den Sand wieder zu bedecken – der Ninety Mile Beach und die Te Paki Sanddünen sind sozusagen die letzten Erinnerungen an vergangene Erdzeitalter.

Als echten Geheimtipp kann man die Dünen von Te Paki nicht mehr bezeichnen. Sie sind auch leicht zu finden, spätestens nach Verlassen des letzten größeren Ortes Kaitaia weisen immer wieder Schilder auf die Te Paki Sand Dunes hin. Von der kleinen Siedlung am SH 1, übrigens der nördlichsten Neuseelands, sind es noch etwa 15 Kilometer bis zum Touristenmagneten Cape Reinga.

Wirklich einsam ist es auf den **Te Paki Sand Dunes** nur in der Nebensaison

Far North und Northland

Vom kleinen Parkplatz hinter dem Ort heißt es noch ungefähr zwei Kilometer durch das flache Flussbett des Te Paki Stream laufen, bis dieser am Ninety Mile Beach in die Tasman Sea mündet. Aber dieser Weg ist eine Augenweide: Mit Betreten des seichten Flüsschens, das auch den Zugangsweg für Autos und Reisebusse zum berühmten Strand darstellt, verändert sich die Landschaft abrupt. Aus den typischen sanften, grünen Hügeln des Far North werden karge, sattgelb bis knochenweiß leuchtende Sanddünen. Sie türmen sich hoch und immer höher, die Vegetation zieht sich immer weiter zurück, bis man sich in einer echten Wüste wähnt (wobei man natürlich nicht zum Horizont blicken darf).

Zuerst bewundert man den ungewohnten Anblick und die Stille zwischen den Sanddünen. Bald versucht man, eine der Dünen zu erklimmen, und entdeckt schnaufend, wie schwer das Vorwärtskommen im weichen, fließenden Sand ist. Wer es ganz nach oben schafft, der wird mit einem herrlichen Panoramablick auf die Küstenlinie belohnt.

Jetzt ist es nur noch ein kleiner Schritt, um Spaß an gewagten Sprüngen von den Dünenkuppen, am Herunterrollen und Rutschen in verschiedensten Positionen zu finden. Auf zur nächsten Düne! Je weiter man vom Parkplatz nach Norden wandert, desto höher türmt sich der Sand und desto weniger Menschen verirren sich ins Fotomotiv.

Das Highlight des Sand-Spaßes ist zweifellos das Sandsurfen. Wer ein eigenes *boogie board* oder ein festes Stück Plastik dabeihat, kann sich nach Herzenslust ausprobieren. Und auch bei Regen muss niemand traurig sein – der nasse Sand ist zum Rutschen sogar noch besser geeignet! Selbst während der Hauptsaison ist hier nur selten etwas los; nur hin und wieder spuckt einer der Tourbusse eine Ladung johlender Backpacker aus, die sich in dem großen Gelände aber schnell verlieren.

Der im Far North ansässige Maori-Stamm *Ngati Kuri*, stolzer Wächter über das heiligste Gebiet von Aotearoa, wo die Seelen der Gestorbenen am Cape Reinga ins Totenreich einziehen, bewacht auch die Te Paki Sand Dunes – und vermietet hier Surfbretter und Schlitten an Besucher. *Harihari Onepu* nennen die Maori das Sandsurfen und tun es angeblich schon seit Generationen. Wer sein eigenes Gerät mitbringt, sollte es möglichst außer Sichtweite der geschäftstüchtigen Maori-Wächter nutzen.

Info

Lage: 15 Kilometer südlich von Cape Reinga am Ende des SH 1, etwa 5,5 Stunden Autofahrt von Auckland, GPS: -34.4961625,172.7718539

Anfahrt: Im Örtchen Te Paki am Hinweisschild auf die Te Paki Stream Road abbiegen (Achtung, geschottert) und ca. 4 Kilometer in das Te Paki Stream Reserve hineinfahren, am Toilettenhäuschen parken (in der Hochsaison parkt dort ein Van des Maori-Stamms *Ngati Kuri*). (Bis zum Ninety Mile Beach sind es noch weitere 2,5 Kilometer.)

Kein Anschluss an öffentliche Verkehrsmittel (letzter Stopp ist Pukenui), diverse Bus-Touren starten in Kaitaia, Ahipara, der Bay of Islands oder in Auckland.

Achtung: Der Parkplatz ist recht klein, spätestens zur Mittagszeit im Sommer sehr voll und sandig. Durch den Te Paki Stream fahren auch Autos und Tourbusse auf dem Weg zum Ninety Mile Beach (oder von dort kommend), oft mit recht hoher Geschwindigkeit und ohne Rücksicht auf Spaziergänger zu nehmen.

Öffnungszeiten: immer; am besten morgens und abends

Eintritt: nichts; Surfbretter und Schlitten werden für 15 NZD vermietet

Aktivitäten: Neben dem *Sandboarden* kann man auch geführte Touren und Ausflüge mit dem Maori-Anbieter *Ahikaa Adventures* buchen (www.ahikaa-adventures.co.nz) oder wandern (mehrere Tracks starten an den Sand Dunes oder führen hier vorbei).

Achtung: Beim Ausflug in die Dünen auf guten UV-Schutz achten und ausreichend Wasser mitnehmen. Beim Sandsurfen möglichst lange Kleidung und Schuhe tragen, am heißen Sand kann man sich schnell verletzen. Fotografen sollten ihre Kamera sehr gut verpacken!

Unterkünfte:
- *Tapotupotu Bay* Standard DOC Campsite, etwa 16 Kilometer nördlich von Te Paki am Cape Reinga: 45 Plätze ohne Strom, mit Toiletten und kalten Duschen, 8 NZD/Erwachsene ab 17 Jahre, 4 NZD/Kinder ab 5 Jahre
- *North Wind Lodge Backpackers*, DZ ab 66 NZD oder gegen Arbeitseinsatz, 88 Otaipango Rd, Henderson Bay, Kaitaia 0484, Tel.: +64 9-409 8515, Web: www.northwind.co.nz

4. Rarawa Beach mit Mermaid Pools: ein Traum in Weiß

Hoch oben im Norden, wo Neuseeland schon fast zu Ende ist, liegt einer der weißesten Strände der Welt, und einer der längsten Neuseelands. Übersehen von den Tagesausflüglern, die zum Cape Reinga und Ninety Mile Beach fahren, warten am Rarawa Beach Einsamkeit, Badespaß und – Meerjungfrauen!

Etwa auf halber Länge des Ninety Mile Beach erstreckt sich auf der anderen Seite der schmalen Aupouri Peninsula, am nördlichen Ende der Great Exhibition Bay, ein Kleinod in purem Weiß. Der Sand am Rarawa Beach besteht aus fast reinem Quarz und ist weich und fein wie Puder. Zusammen mit dem türkisblauen Meer wähnt man sich fast in der Karibik, nur die Palmen fehlen.

Karibik-Feeling am schneeweißen Rarawa Beach

Tipp: eine Flasche von dem weißen Sand abfüllen und später vergleichen mit dem schwarzen Eisenoxid-Sand der Westküste zwischen Auckland und Taranaki!

Am südlichen Teil des Strandes gibt es eine Zufahrt, über die man sogar mit dem Auto auf den festgefahrenen Sand fahren kann. Aber der schönste Teil von Rarawa Beach liegt definitiv am nördlichen Ende. Wenn man etwa eine Viertelstunde über die vorgelagerten Felsen gewandert und geklettert ist, wartet ein weiterer unentdeckter Schatz: Die Gezeitenpools, die von der Flut gefüllt werden, sind so tief, dass man darin herrlich baden kann. Ob es im angewärmten Wasser tatsächlich Meerjungfrauen gibt?

Far North und Northland

Einsamkeit genießen ist im Northland einfach

Info

Lage: Auf der Ostseite der Aupouri Peninsula nördlich von Kaitaia, in der Paxton Point Conservation Area.
GPS: -34.72511375, 173.08233232

Anfahrt: Auf SH 1 nach Norden fahren, 7 Kilometer nördlich von Ngataki rechts auf Rarawa Beach Road (geschottert) abbiegen und 4 Kilometer bis zum Ende fahren. Neben dem Besucherparkplatz ist die DOC Campsite *Rarawa Beach*. Von beiden führt ein etwa 500 Meter langer, sandiger Trampelpfad an den Strand (Buggys dürften hier Schwierigkeiten bekommen).

Öffnungszeiten: immer, baden im Meer ist während der Flut sicherer.

Eintritt: nichts

Aktivitäten: Baden kann man sowohl im Meer als auch in den Gezeitenpools; diese sind sogar tief genug zum Schnorcheln.

Achtung: Bei Ebbe herrschen am Rarawa Beach oft starke Unterströmungen. Es gibt keine Rettungsschwimmer! Alternativ bieten sich zum Baden die Mermaid Pools an oder das kleine Flüsschen, das neben der DOC Campsite zum Strand hin fließt.

Unterkünfte:
- *Rarawa Beach* Standard DOC Campsite mit Toiletten und kalten Duschen, 65 Stellplätze (8 NZD/Erwachsene, 4 NZD/Kinder ab 5 Jahren) auf einer großen Wiese mit Strandzugang (Achtung, hier soll es *sandflies* geben!)

Far North und Northland

5. Karikari Peninsula: Strand-Himmel auf Erden

Die lustig geformte Karikari Peninsula, ganz im Norden der Nordinsel, hat nicht viele Attraktionen zu bieten außer ... wundervoller, abgeschiedener Idylle und mehreren herrlichen Stränden. Wenn man auf der kleinen Anhöhe zwischen Maitai Bay im Norden und Merita Beach im Süden auf einem knorrigen Pohutukawa-Baumstamm sitzt und die Sonne genießt, kann das Leben in Neuseeland eigentlich nicht besser werden.

Einen großen Nachteil hat die Sache dann doch: Während der Weihnachtsferien erinnern sich gefühlt alle Einwohner der Nordinsel an das Geheimnis und fallen in wahren Heerscharen in die idyllische Halbinsel ein. Beliebt ist vor allem die perfekt halbkreisförmig geschwungene

Far North und Northland

Maitai Bay, was angesichts ihres weißen Sandes und des türkisblauen, glasklaren Wassers (und des hinter den Dünen liegenden Campingplatzes) kein Wunder ist.

Der benachbarte Merita Beach bietet ein etwas abwechslungsreicheres Programm – für alle, denen es nach einer halben Stunde im Sand zu langweilig wird. Bei einem Strandspaziergang kommt man hier an abenteuerlich verbogenen Pohutukawa-Bäumen vorbei, kann in kleinen Buchten über Felsen kraxeln und Gezeitenpools erforschen oder zu den vorgelagerten kleinen Inseln schwimmen.

Die felsige Erhebung zwischen den beiden Buchten (Maitai Point) ist ein wunderschöner Aussichtspunkt, der sich auch noch perfekt zum Angeln eignet. Der ansässige Stamm der *Ngati Kahu* bittet allerdings darum, dies nicht von der höchsten Erhebung aus zu tun – die Felsen haben,

Nicht spektakulär, aber enorm idyllisch: die Maitai Bay

Far North und Northland

In der Weihnachtszeit kann es hier voll werden

genau wie viele andere Punkte in der näheren Umgebung, große spirituelle Bedeutung für die Maori.

Die gesamte Karikari Peninsula blickt auf eine lange und wechselhafte Geschichte zurück. Gleich um die Ecke, in der südlich gelegenen und ebenfalls sehr schönen Doubtless Bay, landete in der Mythologie der Maori das Kriegskanu (*waka*) Waipapa zum ersten Mal in Neuseeland. Der Beweis: eine Gruppe von *Tawapou*-Bäumen, die damals von den frisch angekommenen Siedlern aus Hawaiki auf einen nahen Hügel gepflanzt wurden und dort heute noch stehen.

In der Doubtless Bay wurde auch die erste christliche Messe auf neuseeländischem Boden abgehalten: Nur acht Tage, nachdem die Bucht von ihrem Entdecker James Cook getauft worden war, landete der Franzose De Surville hier an und ließ einen Weihnachtsgottesdienst durchführen. Der freundliche Empfang durch die Maori hinderte den Entdecker nicht daran, ihren Häuptling Ranginui gefangen zu nehmen und nach Peru zu verschleppen – wo er nicht lebend ankam. Eine Plakette im Örtchen Whatuwhiwhi erinnert heute an den so folgenreichen Besuch.

Viel später kamen erneut Europäer in die Gegend, diesmal zum *gum digging*. Das fossile Harz im Sumpf versunkener Kauri-Bäume war eine

Zeitlang wertvoller als Gold und Neuseelands wichtigster Export. Heute führt der kurze Lake Ohia Gumhole Reserve Walk durch Sumpf und dichtes Manuka-Gestrüpp an einigen historischen Gruben vorbei, die von den Sammlern damals gegraben wurden.

Info

Lage: An der Nordspitze der Nordinsel, 40 Kilometer nordöstlich von Kaitaia, Campsite am Strand: GPS: -34.82958635, 173.40807865

Anfahrt: Von Kaitaia auf SH 1 nach Norden fahren, rechts auf SH 10 abbiegen, 15 Kilometer östlich von Awanui von SH 10 in Richtung Norden abbiegen auf Inland Road (Ausschilderung *Tokerau/Whatuwhiwhi/Maitai*) und nach 15 Kilometern einbiegen auf Maitai Bay Road, 4 Kilometer bis zum Ende der Straße fahren, der Strand ist rechts (die letzten 2 Kilometer sind geschottert!).

Achtung: Bei Google Maps heißt die Bucht *Matai Bay*, entsprechend auch die Straße *Matai Bay Road*.

Öffnungszeiten: immer

Eintritt: nichts

Aktivitäten: baden, spazieren, paddeln, angeln...
Der Weg an der Merita Bay ist etwa 2 Kilometer lang.

Tipp: Wenn der Wind auf der östlichen Seite der Halbinsel zu kalt weht, kann man einfach 20 Minuten auf die andere Seite hinüberlaufen. Hinter einem *No access*-Straßenschild westlich der DOC Campsite führt eine geschotterte Straße etwa 500 Meter zum schneeweißen Karikari Beach (ausgeschildert als *Karikari Bay Walk*). Der nächstgelegene Ort ist Whatuwhiwhi.

Unterkünfte:
- *Campsite Maitai Bay*, Scenic DOC Campsite, 13 NZD/Erwachsene, 6,50 NZD/Kinder ab 5 Jahren. Während der Hauptsaison ist täglich ein DOC Ranger vor Ort und sammelt (kostenpflichtige) Müllbeutel ein, ansonsten gibt es keine Müllentsorgung.
- *Whatuwhiwhi Top Ten Holiday Park* in Strandnähe, mit Spielplatz und Pool, *Powered Sites* in verschiedener Lage (40 bis 45 NZD/2 Erwachsene, 10 NZD/Kind), *Cabins* und Chalets, 17 Whatuwhiwhi Road, Kaitaia, Tel.: +64-9 4087202,
Web: www.whatuwhiwhitop10.co.nz

6. Omahuta Forest Sanctuary: bedrohte Giganten

Der Omahuta Forest bildet gemeinsam mit dem Puketi Forest einen der letzten und größten zusammenhängenden ursprünglichen Regenwälder der Nordinsel. Intensiven Bemühungen des Department of Conservation ist es zu verdanken, dass man hier auf einem kurzen Spaziergang oder einer längeren Wanderung nacherleben kann, wie Neuseeland ausgesehen haben muss, bevor die ersten Siedler kamen.

Über 21.000 Hektar erstreckt sich das Waldgebiet, das die schmale Spitze der Nordinsel zwischen dem Hokianga Harbour und der Bay of Islands bedeckt. Es ist nicht nur das zweitgrößte und am besten erhaltene im gesamten Northland, sondern auch das mit der größten Artenvielfalt: Hier sind 360 einheimische Pflanzenarten und mindestens neun bedrohte Tierarten ansässig.

Seit 1951 wird in Puketi und Omahuta kein Holz mehr geschlagen, um die letzten verbleibenden Kauri-Bäume zu schützen. Doch dafür war es schon fast zu spät. 130 Jahre intensiven Holzabbaus haben die uralten Giganten des neuseeländischen Waldes an den Rand des Aussterbens gebracht.

Nicht besser erging es zahlreichen endemischen Tierarten. Nur Wanderer mit viel Glück treffen heute zum Beispiel noch auf den hühnergroßen, dunkelgrauen *Kokako*

Der turmhohe *Hokianga Tree*

Far North und Northland

Der Kokako ist nur noch selten im Omahuta Forest zu sehen

mit den leuchtend blauen Kehllappen, oder sie hören zumindest seinen Gesang. Auf der gesamten Nordinsel soll es nur noch etwa eintausend Tiere geben, die Unterart auf der Südinsel gilt als ausgestorben. Auch die letzten Bestände des Nordinsel-Kiwi, der Kurzschwanz-Fledermaus oder der Kauri-Schnecke wird man auf einem kurzen Waldspaziergang wohl kaum antreffen.

Viel einfacher lassen sich die Überreste eines der größten Kauri-Bäume bestaunen, die in Neuseeland jemals gefällt wurden. Der Kauri Stump Walk führt in nur zehn Minuten zu einem wahrhaft gigantischen Baumstumpf. Die dazugehörige Baumkrone liegt etwa 25 Meter entfernt.

Wer lebende Kauris sehen möchte, kann den nur wenig längeren Omahuta Kauri Sanctuary Walk gehen, der auf einer etwa 700 Meter langen Runde durch eine Gruppe der bis zu 50 Meter hohen Baumriesen führt. Der mehr als 53 Meter hohe, turmgerade *Hokianga Tree* ist, je nachdem, wen man fragt, der sechstgrößte oder der achtgrößte Kauri auf der ganzen Nordinsel.

Von diesem Wahrzeichen aus lässt sich der Weg mit einem Abstecher auf dem Pukekohe Stream Track verlängern, der über etwa drei Kilome-

Far North und Northland

ter ebenfalls zum Parkplatz des Sanctuary Walk zurückführt. Auf diesem Weg sind die Spuren der Holzfäller auch nach der langen Regenerationszeit noch gut zu sehen; im Flussbett des Pukekohe Stream finden sich zum Beispiel Überreste eines Kauri-Damms.

Ein Netz an weiteren Wanderwegen verschiedenster Länge und Schwierigkeit durchzieht das Waldgebiet und bietet viele schöne Gelegenheiten, den seit über fünfzig Jahren wieder sich selbst überlassenen Regenwald zu entdecken.

Bis zu 50 Meter hoch ragen Kauris aus dem dichten Regenwald auf

Far North und Northland

Im Inland hinter Hokianga wachsen heute kaum noch Kauris

Info

Lage: Zwischen Kerikeri und Hokianga Harbour, Zugänge zum Waldgebiet gibt es an mehreren Stellen

Anfahrt: Von der Bay of Islands oder aus Richtung Hokianga Harbour, auf dem SH 1 ausgeschildert ab Mangamuka: abbiegen auf Omahuta Road, dann (für den Kauri Stump Walk) auf Omahuta Forest Road bzw. (für den Sanctuary Walk) auf Omahuta Sanctuary Road (beide sehr eng, kurvig und geschottert, vorsichtig fahren!); die Parkplätze bieten jeweils nur 3 bis 4 Stellplätze.

Öffnungszeiten: immer

Eintritt: nichts

Unterkünfte:

- *Puketi Recreation Area*, Standard DOC Campsite am östlichen Rand des Waldgebiets mit 20 Plätzen, kalten Duschen, BBQ und Toilettenhäuschen, Zufahrt über 7 Kilometer *gravel road*, Kosten: 8 NZD/Erwachsene, 4 NZD/Kinder ab 5 Jahre
- *Puketi Forest Hut* mit 18 Stockbetten, kalter Dusche und Toiletten, Kochgelegenheit und Ofen, Kosten: 18 NZD/Erwachsene, 9 NZD/Kinder ab 5 Jahre, Reservierung über Tel.: +64-9-407 0300 oder E-Mail: bayofislandsbooking@doc.govt.nz

7. Waipu Caves: Höhlenabenteuer mit Glimmer-Effekt

Tropfsteinhöhlen, an deren Decke nicht nur Stalaktiten zu bewundern sind, sondern auch noch ein veritabler Sternenhimmel aus sanft glimmernden *glow-worms* – das kann man für teures Geld auf einem geführten Rundgang mit hunderten anderen Besuchern in Waitomo erleben. Oder eben ganz allein und auf eigene Faust in den Waipu Caves.

Schon die Anfahrt über schmale, kurvige und buckelige Straßen durch die grünen Hügel und Weiden, die Aucklands „Hinterhof" darstellen, ist ein Erlebnis für alle, die Neuseeland abseits ausgetretener Pfade entdecken wollen. Hat man dann den Fußweg über die Wiese bis zum Waldrand absolviert, wo sich die karstigen Kalksteinfelsen auftürmen, geht das Suchen los: Wo ist der Höhleneingang?

Kein großes Hinweisschild weist Wanderern hier den Weg. Auf die vertrauten, gut ausgebauten Wege und hilfreichen Infotafeln muss der

Auf der Suche nach dem Höhleneingang

Far North und Northland

Auf die Waipu Caves weist kein Schild hin

Besucher ebenfalls verzichten. Echtes Abenteuer-Feeling stellt sich ein, wenn das niedrige Loch in der zerklüfteten Felswand, das der Höhleneingang sein muss, zwischen Farnen und Bäumen gefunden ist. Taschenlampen angeschaltet, und los geht die Expedition!

Ohne natürliche oder künstliche Beleuchtung herrscht in den Waipu Caves stockfinstere Nacht. Umsichtig stolpert und tastet man sich im Schein der Lampen über einen schmalen Bach, vorbei an kleinen und großen Stalagmiten (von unten) und Stalaktiten (von oben) bis in den ersten größeren Höhlenraum vor – und bricht dann unweigerlich in ehrfürchtige „Ooohs" und „Aaahs" aus, zumindest wenn man beim Vordringen leise genug war. Kinder sollte man hier nicht nur an die Hand nehmen, sondern auch vorher ermahnen, schön leise zu sein: Es lohnt sich!

Einem Sternenhimmel gleich, leuchten an der Decke der Höhle unzählige *glow-worms* in sanftem Weiß bis Hellblau. Nun kann man seine Mitwanderer belehren, dass es sich bei diesen Insekten mitnichten um herumfliegende Glühwürmchen auf Partnersuche, sondern um die Larven der Pilzmücken handelt, die mit ihrem Leuchten andere Insekten auf ihre klebrigen Fangfäden locken wollen; je hungriger sie sind, desto heller leuchten sie. Oder man kann einfach schweigend das Schauspiel genießen.

Far North und Northland

So hell sieht man das Innere der Waipu Caves selten

Info

Lage: Die Waipu Caves sind ein Bestandteil des Waipu Caves Scenic Reserve, das südlich von Whangarei in der Nähe des Örtchens Waipu liegt.

Anfahrt: Die Höhlen sind kaum ausgeschildert. Von Auckland auf SH 1 bis etwa 40 Kilometer vor Whangarei fahren, dort nicht rechts (*Waipu Cove*-Hinweisschild) abbiegen, sondern links in die Shoemaker Road. Diese bis zum Ende fahren, links auf Mountfield Road abbiegen und wieder links auf Waipu Caves Road (diese ist geschottert). Das letzte Stück muss zu Fuß über eine Schafweide zurückgelegt werden – Vorsicht ist geboten im Frühjahr während der *lambing season*, bitte auf jeden Fall Hinweisschilder der Farmer beachten!

Öffnungszeiten: immer, Vorsicht nach starken Regenfällen!

Eintritt: nichts

Achtung: Am Höhleneingang markiert ein orangefarbener Pfeil an einem Holzpfosten den Beginn des 2 Kilometer langen Waipu Caves Track, der zwischen den bizarren Kalksteinfelsen hindurch steil bergauf aus dem Tal führt und an seinem Ende eine fantastische Aussicht über das umgebende Farmland bietet. An klaren Tagen sieht man über den Whangarei Harbour bis nach Bream Head und zu den vorgelagerten Inseln.

Aktivitäten: Auf dem feuchten und glitschigen Höhlenboden kann man leicht ausrutschen, also festes Schuhwerk tragen und Kinder gut beaufsichtigen. Eine Taschen- oder besser Stirnlampe ist ebenfalls Pflicht. Das Innere der Höhlen sollte niemals allein erkundet werden! Auf der Wiese vor der Höhle ist genug Platz für Picknicks, hier steht auch eine Toilette.

Unterkünfte:
- *Uretiti Beach*, wunderschöne Scenic DOC Campsite an den Dünen eines breiten, weißsandigen Strandes. 300 Stellplätze (13 NZD/Erwachsene, 6,50 NZD/Kinder ab 5 Jahren), eine Mülltüte für 2 NZD muss gekauft werden. Im Sommer wird eine Reservierung empfohlen, Tel.: +64-9 432 1051, Online-Buchung möglich über whangarei@doc.govt.nz

Far North und Northland

8. Whangaroa: der perfekte Zwischenstopp

Zwischen der Bay of Islands und dem Cape Reinga nehmen sich die meisten Touristen nicht viel Zeit für Neuseeland. Dabei verpassen sie nicht nur wunderschöne Strände, sondern auch die Gelegenheit, einen vom Tourismus fast unberührten Teil des Landes zu entdecken. Für einen kurzen Zwischenstopp am Whangaroa Harbour ist immer Zeit!

Schon im Vorbeifahren fallen die eindrücklichen, sich steil aus den sanften Hügeln erhebenden vulkanischen Überreste auf, die aussehen wie kleine Zipfel oder Stöpsel. Einer der höchsten liegt im Örtchen Whangaroa, das die Mündung einer tief ins Landesinnere ragenden Bucht bewacht und auf eine lange Geschichte zurückblickt.

Blick vom St Paul's Rock auf die Whangaroa Bay

Der kurze, aber steile und abwechslungsreiche Aufstieg auf den St Paul's Rock (auf Maori: *Ohakiri*) gehört zu den bekanntesten der Gegend. Von oben bietet sich eine sagenhafte Panoramasicht auf die Küstenlinie der Whangaroa Bay und die vielen kleinen vorgelagerten Inseln – die übrigens so dicht beieinander liegen, dass James Cook auf allen drei seiner Entdeckungsfahrten direkt am Whangaroa Harbour vorbeisegelte. Erst

Far North und Northland

Taratara Rock ist ein weiterer lohnender Abstecher

knapp 40 Jahre später landete hier das Handelsschiff *Commerce* und brachte prompt eine Krankheit mit, an der zahlreiche der hier lebenden Maori starben.

In nur 20 Minuten ist der Aufstieg auf die 212 Meter hohe Felsenspitze geschafft; wer mit dem Auto kommt, spart sich 60 Höhenmeter.

Info
Lage: Whangaroa liegt nur ein kurzes Stück westlich des SH 10, auf halber Strecke zwischen der Bay of Islands im Süden und der Doubtless Bay. Nördlich von Kaeo rechts abbiegen und der Beschilderung folgen.

Anfahrt: In Whangaroa an der Old Hospital Road parken und dem Schild zum nicht verfehlbaren St Paul's Rock folgen.

Öffnungszeiten: immer

Eintritt: nichts

Far North und Northland

9. Urupukapuka Island: hinter den Kulissen in der Bay of Islands

Die nicht einmal drei Quadratkilometer umfassende Insel haben fast alle Neuseeland-Reisenden gesehen – allerdings nur von weitem, wenn sie auf einem der täglich hunderten Ausflugsboote die Bay of Islands besuchen. Die idyllischen Sandstrände, die grandiosen Ausblicke von den Klippen und das Riff vor der Ostküste entdeckt man nur, wenn sich Zeit für einen Landgang nimmt.

Die meisten Bootsrundfahrten durch die über einhundert Inseln der Bay of Islands führen von Russell aus vorbei an Motuarohia und Moturua Island, streifen den nordwestlichen Zipfel von Urupukapuka Island und bringen ihre staunenden Gäste dann an der Deep Water Cove vorbei zum *Hole in the Rock*, einem durchaus sehenswerten Naturwunder.

Far North und Northland

Die geschäftstüchtigen Veranstalter haben das Potenzial der größten Insel auf ihrer Route natürlich bereits entdeckt und bieten Touren mit einem Picknick-Stopp auf Urupukapuka Island an; bequem ergänzt durch eine Erfrischung im Café an der Otehei Bay, die im Südwesten der Insel liegt. Auch Anbieter, die Maori-Kultur vermitteln, legen gern eine Stippvisite auf der Insel ein, denn hier lebten immerhin schon vor tausend Jahren Angehörige des Stamms der *Ngare Raumati*.

Das wahre Erlebnis eines Besuchs auf Urupukapuka Island ist jedoch ein anderes. Wer auf einer der drei (!) DOC Campsites die Nacht verbringt, mit einem gemieteten Kajak auf eigene Faust von Bucht zu Bucht paddelt, von Bord eines Bootes ins Wasser springt und schnorchelnd die marinen Riffbewohner vor der Ostküste beobachtet oder einfach ein paar Stunden Ruhe am Strand genießt, der kommt der Seele von Neuseeland schon ziemlich nahe.

Otehei Bay auf Urupukapuka Island

Far North und Northland

Die Insel mit der zerklüfteten Küste sticht wegen ihrer geografischen Vielfalt aus ihren Nachbarn heraus. Während auf der Südseite von Urupukapuka Island mehrere geschützte Buchten liegen, wo im Schatten dichter Pohutukawa-Wälder einst Maori-Familien lebten, blickt man auf der Nordseite von hohen, zerklüfteten Felsen weit über den Pazifik. Als Bonus sieht man vor hier aus immer wieder Schulen von Delfinen, die in der Bay of Islands zu Hause sind.

Und auch an Land ist *wildlife watching* möglich: Gemeinsam mit einigen anderen Inseln im Osten der Bay of Islands ist Urupukapuka Teil des *Project Island Song*, das den ursprünglichen Zustand der neuseeländischen Natur wiederherstellen will. Nachdem nicht-einheimische Schädlinge ausgerottet wurden, kann man auf den Inseln wieder den Gesang endemischer Vögel wie des Sattelrückens (*Tieke*), des *North Island Robin* (*Toutouwai*) oder des *bellbird* (*Korimako*) hören.

Pohutukawa auf Urupukapuka Island

Info

Lage: Die Insel liegt etwa 7 Kilometer von Paihia entfernt in der östlichen Bay of Islands.

Traumhafter Blick auf Urupukapuka Island

Anfahrt: Mit *Explore* sechsmal täglich von Paihia/Russell zur Otehei Bay (45 NZD/Erwachsene, Hin- und Rückfahrt), mit dem Wassertaxi von *Sea Shuttle* zum Strand eigener Wahl für bis zu 21 Passagiere oder mit privatem Boot

Öffnungszeiten: immer

Eintritt: nichts

Aktivitäten: Ein Wanderweg führt in etwa fünf Stunden einmal um die gesamte Insel herum und an mehr als 60 Überresten von Maori-Siedlungen und *pa* vorbei. Es wird empfohlen, den Weg im Uhrzeigersinn zu laufen, der Einstieg ist an jeder größeren Bucht möglich. Auf dem Gelände um diese Stätten herum wird die Vegetation von Schafen kurzgehalten; beim Laufen sollte man auf Schafköttel achten. Das Café in der Otehei Bay ist im Sommer bis 20 Uhr geöffnet, letzte Bestellungen werden bis 19 Uhr angenommen.

Unterkünfte:
- *Cable Bay*, Scenic DOC Campsite im Süden der Insel und *Urupukapuka Bay* im Osten der Insel mit je etwa 60 Zeltplätzen und Duschen; Scenic DOC Campsites, Reservierung empfohlen, 13 NZD/Erwachsener, 6,50 NZD/Kinder ab 5 Jahren
- *Sunset Bay,* Scenic DOC Campsite im Süden der Insel mit 2 Zeltplätzen; Reservierung empfohlen, 13 NZD/Erwachsener, 6,50 NZD/Kinder ab 5 Jahren

Far North und Northland

10. Kai Iwi Lakes: Millionen Jahre altes Kinderparadies

Ein Ort reinster Schönheit, der so perfekt für die Freuden des Camper-Lebens geschaffen scheint, dass man direkt an Absicht glauben möchte – das sind die Kai Iwi Lakes, Süßwasserseen mit kristallklarem Wasser und weißen, flachen Sandstränden.

Man mag es kaum glauben, aber nicht jeder Mensch mag das Meer. Für alle, denen der Ozean in Neuseeland zu wild, zu kalt oder zu salzig ist (in der Regel sind das Familien mit kleinen Kindern) bietet Neuseeland aber ebenfalls einen Ort, an dem es sich perfekt planschen, im Sand buddeln und am Strand liegen lässt. Nur zwei Kilometer entfernt von den Stränden der Kauri Coast wartet ein Grüppchen kleiner Seen mit türkisblauem Süßwasser und weißen Quarzsandstränden auf badefreudige Familien.

Ausländische Touristen verirren sich nur selten in dieses echt neuseeländische Ferien-Paradies, das nur wenige Stunden von Auckland

Idyllische Kai Iwi Lakes

Far North und Northland

Hierher kommen nur die Einheimischen

entfernt ist. Kiwi-Familien kommen jedoch seit jeher gern: Das frische Süßwasser der von Dünen umrahmten Seen ist im Uferbereich von der Sonne angewärmt, der Seegrund fällt nur sehr flach ab, und Wellen oder Haie gibt es natürlich nicht – perfekt für Strandfreuden mit Baby, oder alle, denen das Schwimmen im offenen neuseeländischen Meer nicht recht geheuer ist.

Die Gruppe der Kai Iwi Lakes besteht neben dem namensgebenden Lake Kai Iwi (33 Hektar groß) aus den Seen Taharoa (mit 237 Hektar Oberfläche der drittgrößte und 37 Metern tiefste Dünensee Neuseelands) und Waikere (35 Hektar groß). Ein zehn Kilometer langer Track durch die über 500 Hektar große Taharoa Domain verbindet sie alle, die Wanderung dauert nicht mehr als zwei bis drei Stunden.

Flache Dünenseen, die auf verfestigtem Sandboden mit einem wasserundurchlässigen Untergrund liegen, gibt es häufig an der Westküste der Nordinsel. Viele sind Millionen von Jahren alt. Die Kai Iwi Lakes haben keinen bekannten Zu- oder Abfluss, bis auf einen schmalen Kanal, der Lake Taharoa mit Lake Waikere verbindet.

Far North /Northland

Ihr Wasser besteht daher, so nimmt man an, hauptsächlich aus dem Regen, der auf ihre Oberfläche fällt. Entsprechend schwankend ist daher ihr Pegelstand: Am Lake Taharoa schwankt er je nach Jahreszeit um 400 bis 600 Millimeter. Ebenso abhängig vom Wetter ist die Temperatur des Seewassers: Im Winter sinkt sie auf knapp 13° Celsius, im Sommer haben die Seen angenehme 21° Celsius.

Noch zu Beginn des 20. Jahrhunderts war das Gebiet der Seen ein wichtiges Grabungsgebiet für *gum digger*, die nach im Sumpf versunkenen Kauri-Stämmen gruben. Damals versuchte man, den Kai Iwi Lake trockenzulegen, um einfacher an das begehrte fossile Harz zu gelangen. Die Nachbildung einer *gum digger*-Hütte vom Ufer des Kai Iwi Lake findet man heute im *Dargaville Maritime Museum*.

Der Pegel der Kai Iwi Lakes schwankt mit dem Regen

Info

Lage: Die Kai Iwi Lakes in der Taharoa Domain liegen an der Kauri Coast, 35 Kilometer nordwestlich von Dargaville oder 2,5 Stunden nördlich von Auckland.

Anfahrt: Von Süden auf SH 12 bis zur Kreuzung mit der Omamari Road fahren, dort auf die Omarari Road/Kai Iwi Lakes Road abbiegen und 11 Kilometer in Richtung Kai Iwi Lakes fahren.

Öffnungszeiten: immer

Eintritt: nichts

Aktivitäten: baden, Wassersport, wandern

Die Seen liegen auf der Strecke von Auckland zum Waipoua Forest und dem Hokianga Harbour. Ein nicht beschilderter, etwa 2,5 Kilometer langer Weg über Weideland führt zum Ripiro Beach an der Westküste. Per Auto gelangt man 8 Kilometer südlich der Taharoa Domain, in Omamari, an die Küste.

Unterkünfte: In der Taharoa Domain gibt es zwei Campingplätze, beide direkt am Ufer des Lake Taharoa.

- *Pine Beach* mit Platz für 400 Gäste bietet WCs und heiße Duschen, aber keine Kücheneinrichtung. Auf dem Platz gibt es einen kleinen Shop und Wifi. Kosten: ab 15 NZD/Erwachsene, ab 8 NZD/Kinder
- *Promenade Point* mit Platz für 100 Gäste: WC und Trinkwasser, keine Elektrizität, Kosten: 15 NZD/Erwachsene ab 15 Jahren, 8 NZD/Kinder

Kontakt für beide Plätze: Kai Iwi Lakes Office, Tel.: +64-9 439 0986, E-Mail: lakes@kaipara.govt.nz

Auckland Region

11. Motuihe Island: kleine Insel mit viel Geschichte
12. Auckland Night Markets: ein Stück asiatische Lebensart
13. Muriwai Beach: verstecktes Juwel im Schatten von Auckland
14. Mokoroa Falls: Kleinod am Wegrand
15. Kaitoke Hot Springs: Geheimtipp im Geheimtipp
16. Awhitu Peninsula: Hierher kommen nicht einmal die Kiwis

Bethells Beach – Traumstrand in der Waitakere Region

Auckland Region

11. Motuihe Island: kleine Insel mit viel Geschichte

Besucher, die heute über die schmale, einem Bikini-Höschen ähnelnde Insel wandern, nachts den Rufen des Zwergkiwis lauschen und an einem ihrer weißsandigen Strände die Zehen in die Wellen des Hauraki Gulf tauchen, ahnen nichts von der wechselhaften Geschichte von Motuihe Island.

Seit mindestens 600 Jahren war Motuihe Island von Maori des Stamms der *Ngati Paoa* besiedelt, worauf noch heute mehrere erkennbare *pa*-Befestigungen hindeuten. Die Europäer kauften die Insel Anfang des 19. Jahrhunderts ihren traditionellen Bewohnern ab – angeblich für nicht mehr als ein Kälbchen, einige Decken und Gehröcke, Gartenwerkzeuge und Pfannen. Sie pflanzten zunächst Pinien und Olivenbäume, die noch heute hier wachsen, und nutzten die Insel später als Qarantänestation für Scharlachkranke.

Im Ersten Weltkrieg diente Motuihe Island als Kriegsgefangenenlager. Dessen berühmtester Insasse, der deutsche Kapitän Graf Felix von Luckner, unternahm einen spektakulären Ausbruchsversuch und schaffte es mit seiner Mannschaft auf einem gekaperten Schoner immerhin bis zu den 800 Kilometer entfernten Kermadec Islands. Mit diesem (und einem weiteren) Ausbruchsversuch verdiente sich der Graf bei den Neuseeländern den Ruf eines Helden – und immerhin hatte er im Krieg nur einen einzigen Feind getötet.

Ihre militärische Ausrichtung behielt Motuihe Island bis nach dem Zweiten Weltkrieg, sie diente nun als Trainingsbasis für Marinesoldaten. Seit

Der Pier von Motuihe Island

Auckland Region

Freigelassene Tuatara-Echse

den 1960er-Jahren werden diese auf dem Festland ausgebildet.

Dies war die Stunde der Naturschützer: Eine Stiftung startete ein Renaturierungsprojekt, bei dem inzwischen hunderte Freiwillige mehrere tausend heimische Bäume angepflanzt, Mäuse, Ratten und Kaninchen ausgerottet und einheimische Vögel wie den Sattelvogel (*Tieke*) und den *Kakariki* sowie die *Tuatara*-Echse wieder angesiedelt haben. Seit 2009 leben auch fünfzehn Zwergkiwis wieder hier. All diese Bemühungen sollte man dankbar im Hinterkopf behalten, wenn man in einer der schönen, sandigen Buchten auf Motuihe Island im Sand liegt, den sanften Wellen des Waitemata Harbour lauscht und sein Picknick am Strand genießt. Wer mehr tun will, ist herzlich eingeladen, an den *Volunteer Days* (immer sonntags) teilzunehmen oder sich von Angestellten der Stiftung über die Insel führen zu lassen.

Ein Bootstrip zu der abgelegenen Insel, die nur eine halbe Stunde vom Großstadttreiben in Auckland entfernt ist, ist ein wunderschöner Halbtagsausflug, den man problemlos mit einer Übernachtung auf dem kleinen Campingplatz verlängern kann.

Aus der Luft sieht Motuihe wirklich seltsam aus

Auckland Region

Info

Lage: Motuihe Island liegt im Waitemata Harbour, einem Teil des Hauraki Gulf, zwischen Motutapu Island und Waiheke, 16 Kilometer vor Auckland.

Anfahrt:

– mit *Fullers Ferry* an 2 bis 3 Sonntagen im Monat, von *downtown* Auckland 9:15 Uhr / von Devonport 9:25 Uhr, Rückfahrt von Motuihe 16:15 Uhr (im Winter 15:30 Uhr); Kosten: 35 NZD (Kinder ab 6 Jahren 18 NZD)

– mit dem *Auckland Water Taxi* vom Viaduct Harbour / Westhaven / Devonport (Kontakt: info@aucklandwatertaxis.net.nz oder Tel.: 0800 890 007)

– mit eigenem Kajak oder Motorboot

Aktivitäten: Es gibt eine Picknickstelle mit BBQs, Umkleidekabinen und Toiletten. Im Sommer ist auch ein Kiosk geöffnet, der Kaffee, Eis und Getränke verkauft. Führungen und Teilnahme an den *Volunteer Days* sollte im Voraus angemeldet werden, die Fährtickets sind dann günstiger. Kontakt zur Stiftung *Motuihe Recreation Trust*: E-Mail info@motuihe.org.nz, Web: www.motuihe.org.nz

Achtung: Der historische Wasserturm auf der Insel ist einsturzgefährdet und abgesperrt; das Gelände um den Turm nicht betreten!

Unterkünfte: *Motuihe Island*, Standard DOC Campsite, direkt neben einem geschützten Sandstrand im nordwestlichen Teil der Insel, gegenüber einer Bootsanlegestelle (GPS: -36.80361291, 174.93584276). Der Platz ist in fünf Zonen eingeteilt, die Platz für fünf bis 25 Zelte bieten. Reservierung online über die DOC-Website oder telefonisch beim Auckland Visitor Centre (+64-9 379 6476).

Zugang zu Fuß (kein Autoverkehr auf der Insel) in wenigen Minuten vom Pier nach Norden, links von der Straße, den Pfad rechts neben dem Toilettenblock nehmen. Kosten: 8 NZD / Erwachsene, 4 NZD / Kinder ab 5 Jahren. Feuer sind auf der Insel nicht gestattet, es gibt keine Elektrizität und keine Mülleimer. Trinkwasser ist vorhanden, sollte aber abgekocht werden. Gäste werden dringend gebeten, den schädlingsfreien Zustand der Insel zu erhalten, indem sie ihre Ausrüstung streng auf Kleingetier kontrollieren, sie von Samen und Keimen reinigen und mitgebrachte Lebensmittel versiegelt aufbewahren.

12. Auckland Night Markets: ein Stück asiatische Lebensart

Aus 120 Marktständen mit dreitausend Besuchern wurden binnen weniger Jahre fünf verschiedene Märkte, die jeden Abend Zehntausende anziehen. Asien-Reisenden wird der Kiefer herunterklappen, wenn sie in Auckland auf einen *Night Market* stoßen – hier lebt die Seele der größten Stadt Neuseelands, die kaum ein Tourist erblickt.

Asia-Feeling auf dem Nachtmarkt

Anders als in Shanghai schienen Victoria Yao die Abende in ihrer neuen Heimat Auckland recht langweilig: Nichts war auf den Straßen los, man ging allenfalls in einen Pub, und Kinder konnte man dorthin nicht mitnehmen.

Die Geschäftsfrau organisierte also kurzerhand den ersten *Night Market* nach chinesischem Vorbild im Stadtteil Pakuranga – und schien damit einen Nerv zu treffen: Seit 2010 ist die Beliebtheit dieser abendlichen Nasch- und Flohmärkte stetig gewachsen, und bei der Bevölkerung Aucklands sind sie zu einem regelmäßigen lokalen Event geworden. Jeder Einwohner und jede Einwohnerin Aucklands, egal wie alt und mit welchen kulturellen Wurzeln, ist hier anzutreffen.

Neben Speisen aus aller Herren Länder werden Mode, Spielsachen, Schmuck und viel schöner Klimbim angeboten, manchmal gibt es auch Livemusik, Tanz und Kunstdarbietungen. Bummeln, Schauen und hier und da Probieren sind kostenlos, und das angebotene Streetfood ist zwar weit entfernt von den Preisen in der asiatischen Heimat, aber für Neuseeland vergleichsweise günstig. Trotzdem gibt man unweigerlich eine Menge Geld aus, weil man eben überall etwas kauft.

Die Nachtmärkte gehören zu Auckland

Auckland Region

Im Gegensatz zu ihren Namensvettern in Südostasien sind die Nachtmärkte in Auckland alle überdacht, überstehen also auch längere Regenschauer – ein perfektes Schlechtwetter-Ziel. Kinder, die lange wach bleiben wollen, werden von Fahrgeschäften und Clowns beschäftigt, aber auch die Wahrsager, Henna-Tätowierer und Fußmassierer dürften bei den Kleinen für große Augen sorgen.

Aucklands ethnische Vielfalt ist groß und wird spätestens hier offensichtlich: Köche aus China, Thailand, Vietnam, Ungarn, den USA und dutzenden anderen Ländern bieten Speisen und Snacks aus ihrer Heimat an; wer sich geduldig durchprobiert, findet sogar Delikatessen aus den abgelegensten Regionen der Welt.

Die Atmosphäre auf den *Night Market* ist typisch neuseeländisch – tausende Menschen wimmeln gutgelaunt durcheinander, essen, staunen und lachen gemeinsam. Ein wirklich un-touristisches Erlebnis, bei dem man Auckland von seiner ganz privaten Seite kennenlernt!

Info

Lage: Die *Auckland Night Markets* finden jeden Abend an einer anderen Stelle statt – fünfmal in Auckland, einmal in Hamilton.

Anfahrt und Öffnungszeiten:
- dienstags 17 bis 23 Uhr (Mt Wellington, unter dem Countdown)
- mittwochs 17 bis 23 Uhr (Botany Town Centre, unter *Hoyts*)
- donnerstags 17:30 bis 23:30 Uhr (Henderson, unter dem *KMart*)
- freitags 17:30 bis 24 Uhr (Papatoetoe, unter dem *KMart*) und 17 bis 23 Uhr (Auckland CBD, Shortland Street)
- samstags 17:30 bis 24 Uhr (Pakuranga, unter dem *Warehouse*) und 17 bis 23 Uhr (in Hamilton unter dem *KMart*)
- sonntags 17:30 bis 23 Uhr (*Glenfield Mall*, Ebene 1 des Parkhauses und Sylvia Park, unter PK Furniture)

Eintritt: nichts, bezahlt wird an den einzelnen Ständen. Die meisten Garküchen bieten bargeldloses Bezahlen über EFTPOS an (Achtung, mit deutschen Kreditkarten ist das nicht möglich!).
Seit März 2016 müssen alle gastronomischen Anbieter eine kommunale *Food License* beantragen, jeder Stand ist also legal angemeldet, vom Gesundheitsamt überwacht und sicher.

Informationen: www.aucklandnightmarkets.co.nz

13. Muriwai Beach: verstecktes Juwel im Schatten von Auckland

Nur knapp 30 Minuten braucht man, um die Millionenmetropole Auckland komplett zu vergessen – an den einsamen Stränden der wilden Westküste, unter anderem Muriwai Beach. Sie erwachen nur an Wochenenden aus ihrem Traumschlaf, wenn plötzlich hunderte Sommerfrischler aus der Hauptstadt kommen. Ansonsten ist man fast allein mit dem Wind und den Wellen.

Kaum ein ausländischer Tourist verirrt sich auf seinem Weg zu den Attraktionen der Nordinsel hierher. Und wer das wuselige Auckland besucht, würde kaum vermuten, dass quasi gleich hinter dem Stadtrand mit den Waitakere Ranges, mit Karekare, Piha und Muriwai Beach, eine der schönsten Regionen von ganz Neuseeland wartet.

Die Aucklander wissen es sehr wohl: An den Sommerwochenenden kommen (gefühlt) alle 1,4 Millionen von ihnen her. Zwar gibt es noch eine Reihe weiterer sehr schöner Strände, aber keiner ist so gut mit dem Auto erreichbar. Über fünfzig Kilometer zieht sich der Strand von Muriwai bis hinauf zum Kaipara Harbour, sein staubfeiner, schwarzer Vulkansand glitzert in der Sonne. Und wenn die am Abend untergeht ... *Awesome* ist das Mindeste, was man dazu sagen kann.

Gigantisch lang und beeindruckend schwarz: Muriwai Beach

Hohe Klippen ragen am Otakamiro Point auf

Auckland Region

Die urwüchsig scheinende Küste mit ihren endlosen Dünen ist tatsächlich eine alte Kulturlandschaft: Mehrere Maori-Stämme siedelten hier seit dem 18. Jahrhundert, am Otakamiro Point am Südende des Strandes finden sich die Überreste zweier befestigter *pa*.

Anfang des 20. Jahrhunderts wurde das Gebiet von einem wohlhabenden Lokalpolitiker aufgekauft und zum Park umgestaltet. Viele der damals gepflanzten exotischen und endemischen Bäume stehen noch heute. Auch das dichte Wegenetz für Wanderer und Reiter im Muriwai Regional Park, der den südlichen Teil des Strandes bildet, wurde in dieser Zeit angelegt.

Tausende Basstölpel ziehen auf den Klippen ihre Jungen auf

Der ortsansässige Rettungsschwimmer-Club sorgt in der Badesaison einige Stunden am Tag für Sicherheit – und das ist nötig, denn schon im flachen Wasser herrscht eine starke Unterströmung. Eine Hai-Attacke, bei der ein Schwimmer starb, sorgte 2012 für Schlagzeilen. Kiwis sind aber hart im Nehmen, es wird weiterhin unbeeindruckt gebadet und gesurft.

Am südlichen Ende des Strandes erheben sich schroff die Felsen des Otakamiro Point über die brettflache Küstenebene und trennen Muriwai Beach von der Maori Bay. Einige kurze Wege führen zu Aussichtspunkten, von denen man mutige Angler auf den Klippen, beeindruckende *blow-holes* und vor allem tausende schneeweiße Basstölpel (*gannets*) beobachten kann.

Auckland Region

Die Seevogel-Brutkolonie auf den Felsen ist vor allem deshalb beeindruckend, weil Basstölpel ihren Nachwuchs eigentlich nur auf schwer erreichbaren Inseln aufziehen. Am Ende des Sommers müssen die flügge werdenden Jungtiere den kontrollierten Absturz üben: Angefeuert von ihren Eltern, die im Aufwind dicht über ihnen schweben, stürzen sie sich nach langem Zaudern kopfüber vom Klippenrand – und schwingen sich in letzter Sekunde nach oben, um direkt nach Australien weiterzufliegen.

Info

Lage: Muriwai Beach ist 43 Kilometer vom Stadtzentrum Aucklands entfernt.

Anfahrt: Von Auckland in Kumeu auf SH 16, in Waimauku links abbiegen auf Muriwai Road und etwa 11 Kilometer bis zum Ende der Straße fahren. Im Ort und am Strand gibt es viele Parkmöglichkeiten, an Wochenenden kann es aber sehr voll werden.

Öffnungszeiten: immer; für Autos schließt der Muriwai Regional Park das Tor im Sommer um 21 Uhr, im Winter um 19 Uhr.

Eintritt: nichts

Aktivitäten: Muriwai Beach ist einer der besten Surfspots Neuseelands. Gesurft wird direkt am Muriwai Beach oder südlich der Klippen in der Maori Bay. In der *Muriwai Surf School* kann man Bretter und Neoprenanzüge leihen (20 NZD/Stunde oder 60 NZD/Tag) und Surfkurse buchen. Kontakt: Tel.: 021-478 734,
Web: www.muriwaisurfschool.co.nz

Achtung: Für Babys und Kleinkinder ist der Strand von Muriwai wegen der starken Unterströmung weniger geeignet. Da es keinen natürlichen Schatten gibt, unbedingt für Sonnenschutz sorgen!

Südlich von Muriwai Beach liegen weitere schöne Strände, die alle weniger erschlossen und teilweise nur schwer zugänglich sind. Der Hillary Trail führt in vier Tagesetappen an der gesamten Küste entlang und verbindet Muriwai Beach mit Te Henga (Bethells Beach), Piha und Karekare.

Unterkünfte:

- *Muriwai Beach Campground* mit unparzellierten Stellplätzen direkt hinter den Dünen, Powered Site 44 NZD/2 Erwachsene, Tel.: +64-9 411 9262, E-Mail: muriwaibeachcampground@gmail.com

Auckland Region

14. Mokoroa Falls: Kleinod am Wegrand

Zugegeben: Gegen die hunderte Meter hohen Konkurrenten können die Mokoroa Falls tief im *bush* der Waitakere Ranges nicht ankommen. Aber der etwa elf Meter hohe Wasserfall, der nach starken Regenfällen wie ein breiter Vorhang aussieht, ist trotzdem eindrucksvoller Höhepunkt einer Wanderung durch die letzten neuseeländischen Kauri-Wälder.

Strenggenommen sind die Mokoroa Falls sogar gleich zwei Wasserfälle: rechts die Houheria Stream Falls und links der eigentliche Mokoroa-Wasserfall. Beide zusammen sind schwer auf ein Foto zu bekommen, aber relativ bequem über mehrere Wanderwege zu erreichen und zu bewundern. Die Wanderung bietet sich als Halbtagesausflug von Auckland oder vom nahegelegenen Muriwai Beach an, wenn man vom Baden und Surfen mal genug hat.

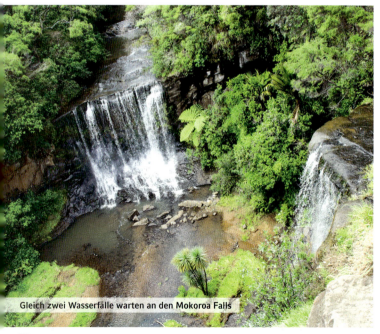
Gleich zwei Wasserfälle warten an den Mokoroa Falls

Der Mokoroa Falls Track ist der kürzeste Weg zum Wasserfall und führt direkt vom Parkplatz an der Horseman Road (Achtung, hier gibt es keine Toilette!) zu einer Aussichtsplattform. Auch mit dem Buggy lassen sich die drei Kilometer hin und zurück gut bewältigen.

Kurze und lange Wanderwege durchziehen das Gebiet

Wem diese Aussicht auf die beiden Wasserfälle nicht genügt, der kann sich (natürlich ohne Buggy) über die steile Holztreppe kurz vor der Plattform durchs Gebüsch kämpfen und zum unteren Bereich der Wasserfälle klettern – hier sind dann auch die Houheria Stream Falls in voller Schönheit zu sehen, wenn man den Flusslauf durchquert. Aber Vorsicht, die Steine sind glitschig und teilweise lose!

Im März 2014 kam es zu einem Steinschlag, bei dem zum Glück niemand verletzt wurde. Nach starken Regenfällen wird eine Durchquerung des Flusses schwierig bis unmöglich, hier sollte man sich nicht überschätzen.

Eine Erweiterung des Mokoroa Falls Track ist der Goldie Bush Walkway: Er zweigt nach etwa fünf Minuten links vom Mokoroa Falls Track ab und führt durch dichten Regenwald und regenerierenden Küstenwald über 4,5 Kilometer zu einem Parkplatz an der Constable Road. Auch dieser Weg ist in zwei Stunden recht einfach zu laufen, obwohl einige Treppen das Mitführen eines Buggys zumindest schwierig machen.

Nach etwa zwei Dritteln des Goldie Bush Walk kann man rechts auf den Mokoroa Stream Track abbiegen und damit auf einem Rundweg wieder zur Aussichtsplattform am Mokoroa Falls Track zurückkehren – allerdings nur, wenn man hart im Nehmen ist. Dieser Weg führt nämlich immer wieder mitten durch den eiskalten und schnell fließenden Mokoroa Stream. Bei schönem Wetter ist das Balancieren von Stein zu Stein eine lustige Herausforderung, nach oder bei Regen kann es ans

Ein nasses Vergnügen im neuseeländischen bush

Eingemachte gehen. Wasserdichte, feste Schuhe oder mutiges Barfußgehen sind dann angesagt.

Egal ob man die bequeme Variante wählt oder sich ins nasse Abenteuer stürzt: Man bekommt auf jeden Fall einen wunderschönen Eindruck vom typisch neuseeländischen Küsten-Urwald. Hier stehen noch alte Kauri-Bäume, und dank eifriger Renaturierungsbemühungen wachsen auch immer mehr junge Kauris nach. Um den regenerierenden Wald und die empfindlichen Kauri-Wurzeln nicht zu beschädigen, heißt es unbedingt auf den befestigten Wegen bleiben!

Ein akutes und bis dato nicht gelöstes Problem stellt die Baumkrankheit *Kauri dieback* dar. Pilze oder ihre Sporen befallen die Kauri-Bäume und bringen sie über kurz oder lang zum Absterben. Übertragen werden die Sporen auch über die Schuhsohlen von Wanderern. An vielen Stellen in den Waitakere Ranges stehen deshalb Desinfektions-Stationen, an denen Besucher ihre Schuhe reinigen sollen, bevor sie den Wald betreten. Da diese Maßnahmen nicht gefruchtet haben, gilt für die gesamten Waitakere Ranges seit 2017 ein *rahui* der Maori, das vom Auckland Council bisher allerdings nicht offiziell bestätigt ist. Bitte übernehmen Sie Verantwortung und folgen Sie unbedingt den Anweisungen der Ranger!

Info

Lage: Westliche Waitakere Ranges, ca. 45 Minuten Fahrt von Auckland, Parkplatz an der Horseman Road, GPS: -36.8462586, 174.4720271

Anfahrt: Aus Auckland nach Westen auf SH 16 fahren, links abbiegen auf Taupaki Region Road bis Waitakere; hier rechts auf Bethells Road, nach 600 Metern rechts abbiegen auf Wairere Road/Horseman Road (Achtung, geschottert), nach etwa 7 Kilometer leicht rechts auf Parkplatz einbiegen; weiterer Zugang von Muriwai Beach rechts auf Oaia Road, nach etwa 2 Kilometern scharf rechts abbiegen auf Constable Road, Parkplatz nach etwa 100 Metern.

Öffnungszeiten: immer

Eintritt: nichts

Aktivitäten:
- Mokoroa Falls Track: 3 Kilometer bzw. ca. eine Stunde hin und zurück
- Goldie Bush Walkway: 4,5 Kilometer, 2 Stunden (als Rundweg 5,2 Kilometer/4 bis 5 Stunden)
- Mokoroa Stream Walkway: 3 Kilometer, 2 bis 3 Stunden

Kostenlose DOC-Broschüren zum Mokoroa Falls Track und zu weiteren Tageswanderungen in der Region Auckland können in iSITEs und DOC Visitor Centres mitgenommen oder direkt von der DOC-Website als PDF heruntergeladen werden.

Achtung: Das DOC warnt vor der Gefahr von Steinschlag im unteren Bereich des Wasserfalls, wie es im März 2014 einmal geschehen ist. Baden direkt unter dem Wasserfall ist also keine gute Idee!

Unterkünfte:
- *Opanuku Pipeline Campground* im Cascade Kauri Regional Park für maximal 20 Personen, 8 NZD/Erwachsene, 4 NZD/Kinder ab 5 Jahre; nur nach vorheriger Anmeldung über Tel.: 09 366 2000!

15. Kaitoke Hot Springs: Geheimtipp im Geheimtipp

Sie stehen auf kaum einer Must-do-Liste für Neuseeland-Touristen, genauso wenig wie ein Besuch auf Great Barrier Island an sich. Wer hierher kommt, sollte ein Bad in den natürlichen heißen Quellen mitten im Wald unbedingt einplanen – auch wenn sie sicherlich kein absoluter Geheimtipp mehr sind.

Great Barrier Island ist die größte Insel Neuseelands und nur einen Katzensprung von der Metropole Auckland entfernt, aber Touristen verirren sich auf ihrer Rundreise über Nord- und Südinsel kaum hierher. Dabei entgeht ihnen ein echtes Stück Neuseeland: unberührte Natur mit wunderschönen weißsandigen Stränden und dichtem *bush* im Inselinneren, zahlreiche endemische Tierarten, eine reiche und lange Geschichte mit einer guten Portion Maori-Mythologie, eine eng zusammengewachsene, offene und herzliche Gemeinschaft aus nur 800 Einwohnern und ansonsten – nichts. Kein Stromanschluss, keine Geldautomaten, kein Handy-Empfang.

Was für die einen wenig reizvoll klingt, ist für die anderen genau der Grund, hierher zu kommen. Great Barrier Island bietet Gelegenheit zum Wandern, Baden, Angeln, kurz: zum Abschalten und Entspannen.

Great Barrier Island ist die größte der neuseeländischen Inseln

Auckland Region

Geheimnisvoll: die Kaitoke Hot Springs

Die heißen Schwefelquellen, die sich in einer Gabelung des schmalen Kaitoke Stream angestaut haben, sehen heute noch genauso aus wie wahrscheinlich schon vor tausenden von Jahren; das einzige Zeugnis menschlichen Wirkens ist ein Picknicktisch am Flussufer.

Direkt an der Flussgabelung findet sich der erste, recht flache Felsenpool. Geht man weiter flussaufwärts am westlichen Arm entlang, stößt man auf mehr Becken, die immer tiefer werden und immer heißeres Wasser führen. Am Ende wartet, wie im Märchen, der perfekte heiße Pool: Er hat einen Wasserfall, ist etwa einen Meter tief und bietet am Rand einige natürliche Sitzbänke aus Stein.

Genauso lohnenswert wie die *hot pools* selbst ist der Weg dorthin: Auf dem gut ausgebauten, Buggy-tauglichen Kaitoke Hot Springs Track überquert man zuerst den Kaitoke Stream und läuft dann auf Holzbohlen eine knappe Stunde am Rand eines Sumpfgebiets entlang, durch Wälder aus jungen Kanuka-Bäumen.

An schönen Tagen ist man hier selten allein, die heißen Quellen sind trotz ihrer abgeschiedenen Lage oft erstaunlich gut besucht. Trotzdem

Auckland Region

Unterwegs auf dem Kaitoke Hot Springs Track

ist es ein absolut entspannendes Gefühl, mitten im neuseeländischen Busch unter den Wedeln der Baumfarne im heißen, dezent nach faulen Eiern duftenden Wasser zu sitzen, dem Zwitschern der Vögel und dem Gluckern des Flüsschens zu lauschen.

Wem nach dem heißen Bad der Sinn nach mehr Bewegung steht, der kann die Wanderung fortsetzen und von den Pools auf dem Tramline Track und dem Peach Tree Track zum Mount Hobson oder Hirakimata weiterlaufen. Das letzte Stück dieses anspruchsvollen Tracks muss auf Leitern erklommen werden, aber der Rundumblick vom 621 Meter hohen Gipfel lohnt die Anstrengung allemal.

Auckland Region

Info

Lage: Great Barrier Island liegt ca. 90 Kilometer nordöstlich von Auckland, erreichbar per Flugzeug (Claris Airport) oder Fähre (*Sealink*) nach Tryphena, auch mit Autotransport

Anfahrt: Ca. 4 Kilometer nördlich von Claris an der Kreuzung rechts abbiegen und dann gleich wieder links auf Whangaparapara Road. Die Hot Springs sind rechterhand ausgeschildert, einige Parkplätze sind vorhanden. Von Süden kommend aus Port FitzRoy oder Okiwi: Nach der Brücke über den Kaitoke Stream kommt links die *Aotea Art Gallery*, kurz danach rechts abbiegen auf Whangaparapara Road. Vom Parkplatz aus läuft man etwa eine Stunde bis zu den Hot Springs.

Achtung: Great Barrier Island soll vor Eindringlingen aus der Tier- und Pflanzenwelt geschützt werden. Besucher werden dringend gebeten, ihre Schuhe, Autoreifen und Camping-Ausrüstung sauberzuhalten und vor Betreten der Insel genau zu überprüfen.

Öffnungszeiten: immer

Eintritt: nichts

Achtung: Die Quellen können sehr heiß sein. Man soll wie in allen heißen Quellen in Neuseeland den Kopf nicht unter Wasser nehmen, weil Parasiten darin leben könnten.

Unterkünfte: Auf der Insel gibt es mehrere DOC-Campsites, die nächstliegenden sind *The Green Campsite* (Zugang nur per Boot und zu Fuß) und *Awana Campsite*. Übernachten kann man auch in der *Mount Heale Hut* (20 Betten), die eine halbe Stunde nach dem Gipfel des Mount Hobson auf dem Peach Tree Track erreicht wird.

Einfache Backpacker-Unterkünfte gibt es zum Beispiel in der „Hauptstadt" Claris, ca. 4 Kilometer vom Startpunkt des Kaitoke Stream Track: *The Crossroads Backpackers Lodge*, ca. 20 Minuten Fußweg vom Claris Airfield, DZ ab 90 NZD, Bett im Schlafsaal ab 40 NZD, 1 Blindbay Road, Claris RD 1, Great Barrier Island, Tel.: +64-9-4290889, Web: www.xroadslodge.com

Es gibt keine Bankautomaten und keinen öffentlichen Nahverkehr auf Great Barrier Island. Mietwagen oder Transfers zu gebuchten Unterkünften sollten schon vor der Ankunft vereinbart werden!

Informationen: www.greatbarrierisland.co.nz

Auckland Region

16. Awhitu Peninsula: Hierher kommen nicht einmal die Kiwis

Eine Fahrt von Auckland hinaus auf die Awhitu Peninsula scheint wie eine Zeitreise – rückwärts, versteht sich. Es ist gar nicht so einfach, hierherzufinden, aber ein Roadtrip über die von Touristen und Hauptstädtern kaum besuchte Halbinsel lohnt sich.

Der Manukau Harbour trennt die schmale Awhitu Peninsula sehr wirkungsvoll von der dicht besiedelten Mitte der Nordinsel und ihrer größten Stadt Auckland ab. Hier ticken die Uhren noch so langsam wie vor hunderten Jahren, als die Maori-Stämme der *Ngati Te Ata* und der *Ngati Kahukoka* die Gegend besiedelten. Eindrucksvolle *Marae* zeigen, dass Maori auch heute noch einen großen Teil der knapp zweitausend Einwohner bilden. Das *waka* Toki-a-Tapiri, das im *Auckland Museum* zu bewundern ist, soll nach seiner Fahrt aus Polynesien ursprünglich hier gelandet sein.

Auch europäische Siedler haben auf der Awhitu Peninsula ihre Spuren hinterlassen, allen voran die Familie Brook. Von ihnen wurde schon 1878 das *Brook Homestead* errichtet, das heute noch erhalten ist, und auch die alte Bootsanlegestelle in der Kauritutahi Bay. Diese war für Einwoh-

Von der Kauritutahi Bay geht der Blick direkt nach Auckland

Auckland Region

Historisches *Brooks Homestead*

ner und Besucher die einzige Verbindung zum Rest Neuseelands, als es noch keine Straßen gab. Heute kann man bei einer Fahrt mit der historischen Dampfeisenbahn, der *Glenbrook Vintage Railway*, dem Geist vergangener Tage nachspüren.

1971 verkaufte der letzte Brook sein Land an der Ostküste der Halbinsel an den Auckland Regional Council, der es zum *Regional Park* deklarierte. Die Farm der Brooks mit Kühen und Schafen wird weiterhin betrieben. Und auch die Statue, die zum 25. Jubiläum des Parks errichtet wurde, wurde aus einem Kauri-Stamm geschnitzt, der von der Familie Brook gepflanzt worden war.

Auf der östlichen Binnenseite und im Norden der Halbinsel, der direkt gegenüber dem Flughafen von Auckland liegt, gibt es einige geschützte, familienfreundliche Buchten und weißsandige Strände im Schatten von Pohutukawa-Bäumen. Wem das zu sanft sind, der fährt hinüber an die fast schnurgerade Westküste und lässt sich an den gigantischen, schwarzsandigen Stränden oder auf den Klippen darüber den Wind um die Nase wehen. Abenteuerlustige versuchen sich hier im *blokart*-Fahren, Surfen und Paragliding, Reiter ziehen mit ihren Pferden über den Sand oder lenken ihre Autos darüber.

Auckland Region

Die Ausblicke von den Steilküsten sind atemberaubend und tauchen auf kaum einem Neuseeland-Foto auf. Besonders gigantisch wirkt die Natur am schwarzen Karioitahi Beach und am Hamilton's Gap: Hier ragen unvermittelt und steil gelbe Dünen aus dem schwarzen Sand auf, die teilweise frei bestiegen werden können (wenn man es denn schafft).

Wer auf die Awhitu Peninsula kommt, sollte unbedingt bis ganz nach vorn an die Spitze der Halbinsel fahren – ein Abstecher zum Manukau Heads Lighthouse ist nicht nur wegen der tollen Aussicht auf die Mündung des Manukau Harbour, bis hinauf nach Auckland und hinüber nach Rangitoto Island, zu empfehlen, auf die sich stetig verschiebenden Sandbanken und rollenden Wellen. Der 240 Meter hohe Leuchtturm ist einer der wenigen in Neuseeland, die bestiegen werden können.

Manukau Heads Lighthouse bietet atemberaubende Ausblicke – von oben!

Info

Lage: Awhitu Peninsula ist etwa 95 Kilometer oder 1,5 Stunden Fahrt von Auckland entfernt. Ab Waiuku gibt es Hinweisschilder nach Awhitu. Matakawhau ist die andere Siedlung auf der Halbinsel, hier gibt es eine Tankstelle, ein Geschäft und einmal im Monat einen Sonntagsmarkt.

Anfahrt: Von Auckland auf SH 1 nach Süden fahren und in Drury auf SH 22 in Richtung Pukekohe abbiegen, nach 7 Kilometern rechts auf

Auckland Region

Glenbrook Road einbiegen und etwa 20 Kilometer weiterfahren auf Glenbrook-Waiuku Road, Collingwood Road und Kitchener Road, in Waiuku rechts abbiegen auf King Street/Awhitu Road. Diese führt auf weiteren 17 Kilometern bis vor zum Manukau Head. Zufahrt zum Awhitu Regional Park nach etwa 5 Kilometern am Abzweig Kemp Road nach Awhitu.

Achtung: Alle Straßen auf der Halbinsel sind geschottert.

Aktivitäten: Der Settlers Valley Walk führt auf 1,5 Kilometern über das gesamte Areal des Regional Parks, durch Sumpfgebiete, über Strände und zu einem Aussichtspunkt mit Blick über den Manukau Harbour. Die von Freiwilligen betriebene *Glenbrook Vintage Railway* fährt jeden Sonntag (in der Hochsaison um Weihnachten täglich) ab 11 Uhr alle 90 Minuten von Glenbrook über Waiuku nach Pukeoware, eine Rundfahrt dauert etwa 60 Minuten. Eine Fahrt kostet 20 NZD (Erwachsene)/10 NZD (Kinder zwischen zwei und 14 Jahren)/55 NZD Familienkarte. An den Tagen, an denen keine Eisenbahn fährt, kann die Strecke mit einer Draisine befahren werden (5 NZD/2 NZD für die Motordraisine, 1 NZD für die handbetriebene Draisine). Die Dünen am Hamilton's Gap liegen am Ende der West Coast Road, etwa eine Stunde nördlich von Waiuku.

Unterkünfte:
- *Awhitu House*, historisches Farmhaus für bis zu 6 Personen unter Verwaltung der Auckland Regional Parks, Kosten (von Oktober bis Mai) 266 NZD/Nacht
- *Brook Homestead Campground* mit 80 Plätzen und *Peninsula Campground* mit 60 Plätzen für Zelte und Campervans mit *Self containment*-Zertifikat im Awhitu Regional Park, Kosten jeweils 15 NZD/6 NZD (Kinder ab 5 Jahren)
- 20 Stellplätze für Campervans mit *Self containment*-Zertifikat im Awhitu Regional Park, Kosten 8 NZD/4 NZD (Kinder ab 5 Jahren)
- *Big Bay Holiday Park*, an einem Strand an der Spitze der Halbinsel, mit *Powered Sites* (40 bis 44 NZD/2 Erwachsene), *Cabins* und Baches; 271 Big Bay Road, RD 4, Waiuku, Tel.: +64-9 2351132, Web: www.bigbayholidaypark.co.nz

Achtung: Alle Reservierungen müssen im Voraus erfolgen, direkt vor Ort ist keine Bezahlung möglich. Buchung unter Tel.: +64-9 366 2000, Option 2 wählen.

Coromandel und Bay of Plenty

17. Waihi Gold Mine: das „goldene Herz" der Coromandel Peninsula
18. Karangahake Gorge Windows Walk: Fenster in die Vergangenheit
19. 309 Road: Roadtrip für Fahrkünstler
20. Waiau Waterworks: nasser Spaß im bush
21. Tokatea Lookout: Aussichtspunkt mit Geschichte
22. Kaiate Falls: Badevergnügen bei Tauranga

Blick über die Fletchers Bay im Norden der Coromandel Peninsula

Coromandel und Bay of Plenty

17. Waihi Gold Mine: das „goldene Herz" der Coromandel Peninsula

In der *Martha Mine*, Neuseelands größter Silber- und Goldmine, wird seit 1878 Gold gefördert. Ein Zwischenstopp in der kleinen Gemeinde am Tor der Coromandel Peninsula bietet spannende Einblicke in die Geschichte Neuseelands und ist nicht nur für Kinder ein Riesenspaß.

Es ist nicht zu übersehen: Am Stadtrand der kleinen Gemeinde Waihi klafft ein riesiges Loch. Es ist bis zu 860 Meter lang, 600 Meter breit und über 200 Meter tief. Ganz unten sieht man winzig kleine Lastwagen fahren, und erst wenn man direkt vor diesen Maschinen steht, realisiert man die Größenverhältnisse.

Bis in die 1950er-Jahre wurde in Waihi unterirdisch nach Gold gegraben – wie das genau ging, zeigt eine Wanderung durch die Karangahake Gorge (siehe Seite 76). Im Jahr 1978 begann man in Waihi, den wertvollen Rohstoff über Tage abzubauen, und das Loch wächst und wächst.

Die Grube der *Martha Mine*

Coromandel und Bay of Plenty

Riesige Minen-Fahrzeuge

Seit dem Jahr 2007 wird der Goldabbau in der *Martha Mine* schrittweise zurückgefahren. Der endgültige Stopp erfolgte 2017, seitdem wird das geschundene Gelände nach höchsten Umweltschutzstandards umfassend renaturiert. Die vollmundigen Versprechungen und das große Engagement der *Waihi Gold Company* in der Gemeinde haben natürlich handfeste ökonomische Gründe, denn nach wie vor birgt die Coromandel Peninsula attraktive Goldvorkommen. Seit 2014 wird in Waihi wieder unterirdisch nach Gold gegraben.

Das historische *Cornish Pumphouse* wird heute nicht mehr genutzt

Selbst wer sich überhaupt nicht für Geschichtliches interessiert: Die *Martha Mine* zeigt sehr anschaulich, wie der Goldabbau heutzutage funktioniert. Und das ist wirklich spannend! Am Rand des Pit Rim Walkway, der rund um die offene Mine führt, stehen zahlreiche informative Schautafeln, und auf einer geführten Tour durch die Mine bekommt man einen lebendigen Einblick in die modernen Förderungsmethoden.

Am meisten Spaß macht jedoch ein Besuch des erst 2015 eröffneten *Waihi Gold Discovery Centre*, freundlich zur Verfügung gestellt von der *Waihi Gold Company*. Die interaktive, sehr abwechslungsreiche Ausstellung bietet einen hochinteressanten Einblick in die Geschichte des Goldabbaus in Neuseeland und zeigt auch seine Zukunft auf. Ein absolut lohnender Zwischenstopp!

Info

Lage: Waihi liegt im Hauraki District am Südende der Coromandel Peninsula, an der Kreuzung von SH 25 (nach Coromandel) und SH 2 (nach Auckland/Tauranga), etwa 140 Kilometer von Auckland entfernt. Die *Martha Mine* liegt direkt im Ort, nur wenige Minuten Fußmarsch vom Museum entfernt.

Anfahrt: Das *Gold Discovery Centre* liegt in Waihi direkt neben der iSite und gegenüber dem *Cornish Pumphouse*, 126 Seddon Street. Zufahrt zur Mine über Moresby Avenue und Martha Street.

Öffnungszeiten: täglich von 9 bis 17 Uhr (im Winter bis 16 Uhr). Minentouren (Dauer 1,5 Stunden) starten täglich 10:30 Uhr und 12:30 Uhr.

Eintritt:
- Museum: 25 NZD/Erwachsene ab 15 Jahren, 13 NZD/Kinder ab 5 Jahren, 59 NZD/Familienkarte
- Minentour: 36 NZD/Erwachsene ab 15 Jahren, 18 NZD/Kinder ab 5 Jahren, 89 NZD/Familienkarte
- Kombitickets Museum+Minentour: 55 NZD/Erwachsene ab 15 Jahren, 28 NZD/Kinder ab 5 Jahren, 133 NZD/Familienkarte. Ermäßigungen für Studenten und Senioren

Kontakt: Tel.: 07-863 9015 oder E-Mail: ask@golddiscoverycentre.co.nz
Web: www.golddiscoverycentre.co.nz

18. Karangahake Gorge Windows Walk: Fenster in die Vergangenheit

Eine familientaugliche und einfache, aber trotzdem spektakuläre Wanderung führt durch die Tunnel der historischen Talisman-Goldmine und zeigt eindrucksvoll, wie hart die Bedingungen für die Goldgräber vor hundert Jahren waren.

Beim *Windows Walk* handelt es sich nicht um einen Spaziergang für Fans des PC-Programms – tatsächlich stimmt die wörtliche Übersetzung aus dem Englischen, denn der Wanderweg führt auf längeren Passagen durch in die Felswand eingeschnittene Tunnel und hat eben mehrere „Fenster". Diese bieten nicht nur wunderschöne Aussichten über die tiefe Schlucht, in die sich der Ohinemuri River eingeschnitten hat, sondern auch tolle Fotomotive – und für unvorbereitete Wanderer ohne Taschenlampe die einzige Lichtquelle.

Schließlich öffnen die Fenster auch einen (metaphorischen) Blick auf Kultur und Gesellschaft, der 150 Jahre in die Geschichte der Besiedlung Neuseelands zurückreicht. Die Coromandel-Region war und ist eine von Goldsuchern begehrte Gegend. Zwischen 1870 und 1950 wurde hier im

Nur einige der Tunnel in der Karangahake Gorge sind beleuchtet

Coromandel und Bay of Plenty

Eine Hängebrücke führt zum Beginn des Karangahake Gorge Windows Walk

großen Stil Gold abgebaut, was man an den zahlreichen historischen Relikten am Wegrand anschaulich sehen kann.

Wofür genau die alten Gerätschaften und Bauten genutzt wurden, darüber informieren viele Schautafeln und Hinweise am Wegrand. Wer es genauer wissen will, der sollte das Goldmining-Museum in Waihi besuchen (siehe Seite 73). Dort erfährt man auch, dass der Goldabbau auf Coromandel mitnichten nur historisch ist – in Waihi wird unter der riesigen *Martha Mine* nach Gold gegraben, und immer wieder gibt es (bei erbitterter Gegenwehr der Anwohner) Vorstöße von Unternehmen, die neue Goldvorkommen auf der Halbinsel erschließen wollen.

Eine traurige Hinterlassenschaft der jahrzehntelangen Ausbeutung durch die Goldsucher ist die relative Artenarmut der Coromandel Peninsula. Durch Holzabbau, Rodung und Waldbrände sind die meisten der riesigen Kauri-Bäume verschwunden, die noch vor hundert Jahren die Halbinsel bedeckten. Viele Tier- und Pflanzenarten haben durch den Raubbau ihren Lebensraum verloren. Die wenigen Arten, die noch durchhalten, werden durch Ratten, Wiesel und Possums bedroht. Kiwi, *Kokako* und *Karearea* sind schon längst nicht mehr hier heimisch, im Wald hört man allenfalls noch die Rufe von *Tui* und *Bellbird*, oder man sieht die winzigen *Fantails* am Wegrand flattern.

Coromandel und Bay of Plenty

Vom Parkplatz überquert man zuerst eine Hängebrücke über den Ohinemuri River, dann eine weitere Brücke über die Lower Waitaweta Gorge. Hier, oberhalb des Zusammenflusses von Ohinemuri und Waitaweta River, geht es einige hölzerne Stufen hinauf, die zu den verlassenen

Der Wanderweg ist tief in die Steilhänge der Karangahake Gorge eingeschnitten

Gebäuden und Maschinen der *Talisman Battery* führen – einem riesigen Stampfwerk zum Zerkleinern von Gestein, aus dem dann das Gold gewonnen wurde.

Der Weg folgt nun dem Rand der immer tiefer eingeschnittenen Schlucht und taucht bald in den alten, etwa zwei Meter hohen und breiten Tunnel der *Talisman*-Goldmine ein. Unterwegs öffnen sich vier große Fenster in der Tunnelwand, durch die man hinunter auf den schäumenden Fluss blickt. Wer genau hinschaut, findet auch in der gegenüberliegenden Felswand einige „Fenster". Die Minenarbeiter nutzten sie aber weniger als Lichtquelle, sondern zum Hinauskippen des geförderten Gesteins aus den Tunneln. Unten wurde das Gestein von einer Lorenbahn zu den Stampfwerken befördert.

Nach dem Verlassen des etwa 150 Meter langen Tunnels führt der Weg fort von der Felswand und eine steile Holztreppe hinab, bevor er erneut den Fluss auf einer Hängebrücke überquert und auf der gegenüberliegenden Seite der Waitaweta Gorge entlang dem Crown Tramway Track zum Parkplatz zurückführt.

Coromandel und Bay of Plenty

Ein lohnenswerter Abstecher vom Track, gleich nach der Überquerung des Waitaweta River, führt flussaufwärts durch einen weiteren Tunnel zu den Überresten des unterirdischen *Woodstock Pumphouse*. Ein paar alte hölzerne Treppenstufen zur rechten Seite führen hinab in den Tunneleingang zum Pumpwerk. Wer eine Taschenlampe mitgebracht hat, findet hier drinnen die Überreste der Dampfmaschine und anderer Geräte.

Tipp: Nicht sofort das Licht anschalten, im Dunkeln sieht man die an den Deckenbalken hängenden *glow-worms* viel besser!

Info

Lage: Der SH 2 führt zwischen Waihi und Paeroa direkt durch die Karangahake Gorge. Sie ist quasi das Eingangstor zur Coromandel Peninsula, wenn man von Süden kommt, und etwa 140 Kilometer von Auckland entfernt.

Anfahrt: Vom Parkplatz am Straßenrand des SH 2 aus führt der Windows Walk als Rundweg über 2,5 Kilometer. Die Gehzeit beträgt etwa eine Stunde. Der Weg ist gut ausgebaut und einfach, wegen der Treppenstufen und der dunklen Tunnel mit unebenen Böden jedoch nicht unbedingt für Buggys geeignet.

Achtung: Taschenlampen mitbringen, es werden einige lange, dunkle Tunnel passiert. Vor allem das unterirdische Pumpenhaus kann ohne Lichtquelle nicht besucht werden. Alte, ungenutzte Minentunnel sollten nicht betreten werden, es herrscht Einsturz- und Verletzungsgefahr.

Öffnungszeiten: immer

Eintritt: nichts

Aktivitäten: Durch die Karangahake Gorge führen mehrere einfache Wanderwege, von 30 Minuten bis zu vier Stunden Dauer. Der Crown Track führt an einigen tiefen Stellen im Fluss vorbei, die an Sommertagen zum Baden einladen.

Unterkünfte:
- *Falls Retreat*, 2 stylishe Cottages in grüner Lage mit Spielplatz und nahem Bistro, Familienbetrieb, ab 150 NZD/Nacht für 2 Erwachsene; 25 Waitaweta Road, Waihi, Tel.: +64 7-863 8770, E-Mail: info@fallsretreat.co.nz, Web: www.fallsretreat.co.nz

19. 309 Road: Roadtrip für Fahrkünstler

Die kürzeste Verbindung zwischen zwei Orten ist nicht automatisch die schnellste – aber im Fall der 309 Road ist es zweifellos die interessanteste Strecke. Als Abkürzung von Coromandel Town nach Whitianga sollte man die fast komplett geschotterte Straße allerdings nicht auffassen!

Die 309 Road windet sich 22 Kilometer durch das unwegsame Landesinnere

Wem der Weg an der schönen Kuaotunu Coast entlang um die Spitze der Coromandel Peninsula herum zu langweilig ist (und sicher ist, dass sein Wohnmobilvermieter nichts dagegen hat!), der sollte sich auf die 309 Road wagen. Die kurvige, enge Straße schneidet sich über 22 Kilometer quer durch die Coromandel Range, bis sie sieben Kilometer südlich von Whitianga wieder auf den SH 25 trifft. Dabei führt sie durch Farmland, Pinienwälder und dichten Busch am Waiau River entlang, steigt bis auf 306 Meter und dann wieder hinab entlang der Windungen des Mahakirau-Flüsschens bis zur Mercury Bay.

Ob sie ihren Namen von den 309 Kurven hat oder ob die Pferdekutschen früher 309 Minuten brauchten, um von einem zum anderen Ende zu gelangen, darüber herrscht keine Einigkeit. Was aber klar ist: Wer die

Coromandel und Bay of Plenty

309 Road fährt, für den ist der Weg das Ziel. Zum einen ist es die fahrerische Herausforderung von 22 Kilometern rutschiger, zum Teil haarnadelscharfer Kurven, die sich bei Regen in eine orangerote Schlammpiste verwandeln. Gerüchten zufolge sind schwere Unfälle besonders mit Touristen hier an der Tagesordnung; andere Stimmen meinen wiederum, die Straße sei für vernünftige Fahrer kein Problem.

Zum anderen warten an der 309 Road mitten im tiefen Busch einige echte Kiwi-Attraktionen, die gerade wegen ihrer Abgeschiedenheit interessant sind. Nur fünf Kilometer muss man vom Abzweig von der SH 25 zurücklegen, bis man bei den *Waiau Waterworks* vorbeikommt: einem fantastischen, mit typischem Kiwi-Erfindergeist erbauten Vergnügungspark rund ums Thema Wasser, wo Alt und Jung auf ihre Kosten kommen (siehe Seite 84).

Nach weiteren 2,5 Kilometern wartet ein kurzer Wanderweg zu einer Gruppe von Kauri-Baumriesen, deren größter einen Umfang von sechs Metern hat. Die über 600 Jahre alten Giganten des *Kauri Grove* gehören zu den letzten ihrer Art auf der Coromandel Peninsula.

Kauris: Zeugen der Vergangenheit

Coromandel und Bay of Plenty

Eine anspruchsvolle Wanderung führt auf den Castle Rock, einen alten Vulkankegel, der weithin sichtbar über der Coromandel Range thront. Um hinaufzukommen, biegt man nach etwa fünf Kilometern Fahrt auf der 309 Road aus Richtung Coromandel Town nach links auf eine noch kleinere Straße ab und folgt dieser für etwa zwei Kilometer. Der Rest des Weges muss zu Fuß über Stock und Stein (und nach Regen auch durch Matsch) zurückgelegt werden und ist zwar keine Herausforderung, aber definitiv nicht Buggy-tauglich! Für den Hin- und Rückweg sollten zwei Stunden eingeplant werden, es winken großartige Panoramablicke.

Waldrodung und Regen machen die 309 Road zu einer Herausforderung

Coromandel und Bay of Plenty

Wer unterwegs ins Schwitzen gerät, kann an den kleinen, aber hübschen Waiau Falls kurz ins kalte Wasser springen (aber Vorsicht vor den Mücken!) oder am *Egans Park* in den Mahakirau-Bach hüpfen – hier dürfen Campervans mit *Self containment*-Zertifikat auch über Nacht stehen.

Info

Lage: Zwischen Coromandel Town und Whitianga

Anfahrt: 3 Kilometer südlich von Coromandel Town oder 7 Kilometer Kilometer südlich von Whitianga abbiegen, gut ausgeschildert; nur mit eigenen Transportmitteln befahrbar

Öffnungszeiten: immer; nach Regenfällen sehr vorsichtig fahren!

Eintritt: nichts

Aktivitäten:
- Castle Rock: ca. 5 Kilometer vom nördlichen Anfang der 309 Road
- *The Waiau Waterworks*: ca. 5 Kilometer vom nördlichen Anfang der 309 Road, geöffnet tgl. 10 bis 16/18 Uhr, Eintritt 25 NZD/Erwachsene ab 16 Jahre, 20 NZD/Kinder ab 3 Jahre, 471 The 309 Road, Tel.: +64 7-866 7191, www.thewaterworks.co.nz
- Kauri Grove: ca. 7 Kilometer vom nördlichen Start der 309 Road, Parkplatz ausgeschildert, Wanderweg 20 bis 30 Minuten bis zu den Kauris oder 2,5-stündiger Rundweg
- Waiau Falls: ca. 14 Kilometer vom südlichen Anfang der 309 Road, GPS: -36.8322598,175.538273

Unterkünfte:
- *Wairua Lodge*: Bed and Breakfast von Debbie und Aschi Baumberger am Hidden River mit Badestelle, Spa und Außenbadewanne; DZ ab 195 NZD; 251 Old Coach Road, Tel.: +64 7-866 0304, E-Mail: info@wairualodge.co.nz, Web: www.wairualodge.co.nz
- *Koru Riverside Retreat*: exklusive Ferienwohnungen mit *hot spa* im Waiau River, 2 Personen/2 Nächte ab 285 NZD, ca. 5 Kilometer vom nördlichen Anfang der 309 Road, Tel.: +64 7-866 8900, E-Mail: stay@koruretreat.com, Web: www.koruretreat.com
- *Egan Park*: Picknickplatz mit kostenloser Übernachtungsmöglichkeit für Campervans mit *Self containment*-Zertifikat, ca. 7 Kilometer vom südlichen Anfang der 309 Road, GPS: -36.8532284, 175.5883229

Coromandel und Bay of Plenty

20. (Waiau) Waterworks: nasser Spaß im „bush"

Freizeitparks werden in diesem Buch sonst nicht vorgestellt, und die wenigsten dürften als *off the beaten track* gelten. Die *Waiau Waterworks* bilden jedoch aus zweierlei Gründen auf jeden Fall eine lohnende Ausnahme, und das nicht nur für Familien mit kleinen Kindern.

Auf der Coromandel Peninsula ist es generell nicht allzu schwierig, sehenswerte Ecken, anspruchsvolle Wanderwege und einsame Strände abseits der Touristenrouten zu erkunden. Wenn nicht gerade Hauptsaison herrscht, ist es hier, nur wenige Fahrstunden von Auckland entfernt, himmlisch ruhig. In jedem zweiten Schaufenster hängt eine *Gone fishing-*

Coromandel und Bay of Plenty

Notiz und die großen, bunten Tour-Busse sieht man allenfalls auf den Parkplätzen am Hot Water Beach stehen.

Wer es etwas anspruchsvoller mag, der wagt sich auf die 309 Road, auf der man die Strecke von Coromandel Town am stillen Firth of Thames im Westen zur rauhen Mercury Coast im Osten auf 22 holprigen, kurvigen, staubigen oder auch (nach Regenfällen) glitschigen Kilometern bewältigt (siehe Seite 80). Inmitten dieser von dichtem Regenwald überwucherten

Humor an jeder Ecke

Die *Waterworks* machen Lust auf Wasser

Coromandel und Bay of Plenty

Hügel, direkt an der 309 Road, liegt ein sympathischer Freizeitpark von typischster Kiwi-Art versteckt.

Hier haben Chris Ogilvie und seine Frau Kay mit wilder Fantasie, viel Improvisationskunst und Augenzwinkern einen Abenteuerparcours für Groß und Klein angelegt, der einmal rund um ihr Farmgelände führt; immer begleitet vom Thema Wasser. Da läuft eine Wasserrinne mit Schiffchen am Wegrand entlang, es gibt einen Freiplatz mit gegenüberliegenden Wasserkanonen, wo man sich ausführliche Spritzschlachten liefern kann,

Viel Erfindungsreichtum und skurrile Ideen in den *Waterworks*

und über 70 Gerätschaften aus Schrott dürfen nach Herzenslust von Groß und Klein ausprobiert oder bestaunt werden.

Hat man sich schließlich zur Genüge an den verschiedenen Spielgeräten, vom lebensgroßen Hamsterrad über die Wasserkanonen bis zum Fahrradkarussell ausgetobt, sorgt ein erfrischendes *swimming hole* für die ersehnte Abkühlung. Wer es lieber etwas ruhiger angehen lässt, der widmet sich der Betrachtung der vielen von Kay getöpferten Kunstwerke am Wegrand und löst die spaßigen Rätsel auf den vielen Schildern.

Zwei bis drei Stunden Zeit sollte man sich für einen Rundgang auf jeden Fall nehmen, und wenn man am Wochenende kommt, mit Andrang rechnen: Die *Waterworks* stehen auf der *101 Must Do's for Kiwis*-Liste des NZAA jedes Jahr wieder in den oberen zwanzig Plätzen und empfangen mehrere zehntausend Besucher im Jahr.

Info
Lage: zwischen Coromandel Town und Whitianga; Adresse: 471 The 309 Road, Coromandel Town

Anfahrt: Etwa 5 Kilometer vom nördlichen Anfang der 309 Road

Achtung: Diese Straße ist anspruchsvoll und komplett geschottert!

Öffnungszeiten: täglich 10 bis 18 Uhr, im Winter (Mai bis Oktober) nur bis 16 Uhr

Eintritt: 25 NZD/Erwachsene ab 16 Jahre, 20 NZD/Kinder ab 3 Jahre, 75 NZD/Familienkarte, (wer online über die Website bucht, spart 10 Prozent)

Kontakt: Tel. +64 7-866 7191, Web: www.thewaterworks.co.nz

Im Eingangsgebäude der *Waiau Waterworks* bietet ein kleines Café Snacks, kleine Speisen und Getränke an. Im Sommer sollte man den Rundgang durch den Park nicht ohne Sonnenschutz, Mückenschutz und Trinkwasservorrat antreten.

21. Tokatea Lookout: Aussichtspunkt mit Geschichte

Coromandel Town ist für viele Besucher nur ein Zwischenstopp zum Durchfahren, Auftanken oder Übernachten, bevor es zu den wirklichen Highlights der Coromandel Peninsula geht. Aber auch in dem kleinen Städtchen warten ein paar sehenswerte Dinge – oder besser: hoch über dem Städtchen.

Etwa sieben Kilometer nördlich der Stadt zweigt auf einer Hügelkuppe von der schmalen, geschotterten Kennedy Bay Road ein Weg ab, der auf 300 kurvigen, steilen Metern zum Tokatea Lookout / Lucas Lookout führt – und diesem sollte man unbedingt folgen, auch wenn nur für einen kurzen Fotostopp Zeit ist. Die Aussicht von hier oben wird von vielen als die schönste auf der ganzen Coromandel Peninsula bezeichnet.

Auf der einen Seite öffnet sich der Blick über den nördlichen Teil des Firth of Thames, einen großen, flachen Meerbusen, der die Coromandel Peninsula vom Festland und der Metropole Auckland abschneidet, und den Hauraki Gulf, bis nach Waiheke und Rangitoto Island. Auf der anderen Seite schweift der Blick weit über den nördlichen Zipfel der Halbinsel, die vielen vorgelagerten Inselchen, die noch unerschlossene Kennedy Bay und die im Pazifik liegenden Mercury Islands vor der Ostküste.

Der Rundumblick aus 462 Metern Höhe bewog das neuseeländische Militär nicht umsonst dazu, hier oben während des Zweiten Weltkriegs einen

Coromandel und Bay of Plenty

Ausguck einzurichten. Was man alles sehen kann, erklärt eine wetterfeste Panorama-Landkarte. Kinder und Abenteuerlustige sollten hier trotz aller Erkundungslust auf dem markierten Weg bleiben. Es besteht sonst die Gefahr, in einen der alten Minenschächte zu stürzen, die die gesamte Gegend durchlöchern. Am Ende des 19. Jahrhunderts war Tokatea eine belebte Kleinstadt, heute zeugen nur noch die Überreste alter Goldminen und Fördergeräte vom einstigen Goldrausch.

Der Weg von der Kennedy Road zum Aussichtspunkt ist zwar nur ein paar hundert Meter kurz und gut instandgehalten, aber ziemlich steil. Dass selbst solche kurzen Wanderungen im neuseeländischen Busch ernst genommen werden sollten, zeigt übrigens der Fall einer Frau, die sich hier verlief und erst am nächsten Morgen von einer Rettungshundestaffel wiedergefunden wurde.

Info

Lage: Coromandel Town liegt etwa 170 Kilometer östlich von Auckland. Der Tokatea Lookout liegt etwa sieben Kilometer nördlich von Coromandel Town. GPS: -36.7222532,175.5131695

Anfahrt: In Coromandel Town nach Norden auf Rings Road in Richtung *Driving Creek Railway* fahren, nach etwa 2 Kilometern rechts halten auf Driving Creek Road, die dann zur Kennedy Bay Road wird. Nach etwa 3 Kilometern links von der Straße abbiegen zum Lookout. Der Weg von etwa 400 Metern kann auch zu Fuß in etwa 30 Minuten (hin und zurück) bewältigt werden.

Vom Tokatea Lookout bietet sich ein weiter Blick nach Norden

22. Kaiate Falls: Badevergnügen bei Tauranga

Eine Kaskade von Wasserfällen, die kleine Swimmingpools bilden und nur von Einheimischen besucht werden – das klingt nach einem perfekten Sommernachmittag in Neuseeland, oder auch nur einer kurzen Abkühlung am Wegrand.

An den Kaiate Falls wartet das Badevergnügen

Nur wenige Kilometer entfernt vom belebten und beliebten Touristen- und Badeort Mount Maunganui, und doch wie in einer anderen Welt liegen die Kaiate Falls in einem geschützten, lichten Waldgebiet bei Tauranga. Vom Parkplatz führt ein kurzer, gut ausgebauter Weg zu einer tief eingeschnittenen Schlucht, in die sich der kleine Kaiate Stream ergießt – sein Fall wird unterbrochen von neun Felsstufen, die für immer neue, abwechslungsreiche Badevergnügen sorgen.

Es ist kein Problem, dem Weg am Wasserfall entlang zu folgen, und ein reines Vergnügen, die einzelnen Wasserfälle zu erkunden und immer wieder ins kühle Nass einzutauchen. Zwischen 12 und etwa 16 Uhr nachmittags scheint die Sonne zwischen den Bäumen auf die Steine des Wasserfalls und macht das Erlebnis perfekt.

Nachdem er die oberen Fälle passiert hat, kreuzt der Pfad den Weg des Wassers und führt bis ganz hinab auf den Grund der Schlucht, wo auch das größte und tiefste Schwimmloch wartet – ergänzt (saisonweise) von einer Strickschaukel, an der sich Wagemutige mit Schwung über die Mitte des Wassers schleudern können.

Eine Kaskade von Wasserfällen

Da er als Rundweg angelegt ist, muss man die vielen Treppen am Rand des Wasserfalls zum Glück nicht zweimal steigen – obwohl Kenner meinen, die Wasserfälle wären am schönsten, wenn man sie zuerst von unten erblickt. Der Anblick des kegelförmigen Mount Mauao direkt über dem Parkplatz, der sich beim Herauskommen aus der Schlucht eröffnet, ist jedenfalls ein toller Abschluss für diesen Abstecher.

Info

Lage: Die Kaiate Falls liegen südlich von Mount Maunganui in der nördlichen Bay of Plenty und sind ab Waitao Road ausgeschildert. GPS: -37.7596576,176.1717292

Anfahrt: Von Mount Maunganui auf SH 2 für 7 Kilometer nach Süden fahren, rechts abbiegen auf Welcome Bay Road, nach etwa 6 Kilometern links abbiegen auf Waitao Road, der Beschilderung folgen und nach etwa 5 Kilometern zum Parkplatz einbiegen.
Neben dem Parkplatz gibt es eine Picknick-Gelegenheit und eine Toilette. Keine Wertsachen im Auto lassen, hier gibt es immer wieder Einbrüche.

Achtung: Der Weg ist nicht Buggy-tauglich! Leider gibt es immer wieder Gesundheitswarnungen wegen Wasserverschmutzung mit E.coli-Bakterien; vor dem Baden also in der i-Site nachfragen. Und obwohl die Wasserfälle von vielen Einheimischen besucht werden, ertrank erst im Januar 2016 ein junger Mann hier beim Schwimmen.

Öffnungszeiten: immer

Eintritt: nichts

Rotorua und Central North Island

23. Waimangu Volcanic Valley: Phönix aus der (Vulkan-) Asche
24. Hamurana Springs Track: Kurztrip in den Märchenwald
25. Waitangi Soda Hot Springs: Thermalbaden wie in guten alten Zeiten
26. Ohinemutu Village: Rotoruas lebendige Geschichte
27. Kerosene Creek: Spa im Wald
28. Mangawhero Falls: Abstecher für Film-Fans
29. Orakei Korako: versteckte Thermal-Attraktion
30. Te Porere Redoubts: neuseeländische Kriegsgeschichte(n)
31. Mead's Wall: spektakulärer Ausflug ins Skigebiet
32. Waitonga Falls Track: Wasserfälle am Mount Ruapehu

Rund um Rotorua dampft und zischt es allerorten – hier im Waimangu Volcanic Valley

Rotorua und Central North Island

Rotorua und Central North Island

23. Waimangu Volcanic Valley: Phönix aus der (Vulkan-) Asche

Eine Wanderung durch das *Waimangu Volcanic Valley* führt nicht nur zu sehenswerten thermalen Attraktionen, sondern erinnert auch an die furchtbare Zerstörungskraft, die als ständige Bedrohung unter den neuseeländischen Inseln lauert. Abseits von den Besuchermagneten in Rotorua hat man diese Attraktionen oft ganz für sich allein.

Es muss eine furchtbare Explosion gewesen sein, die am 10. Juni 1886 die Region südlich von Rotorua mit Schutt und Asche bedeckte. Als „achtes Weltwunder" lockten damals die bis zu 30 Meter hohen Silikatbecken, in denen man bequem baden konnte, sogar Reisende aus Europa nach Neuseeland.

Damit war Schluss, als ein gewaltiger Ausbruch des Mount Tarawera das Land mit heißem Schlamm und glühendem Gestein überzog und dort, wo die weltberühmten weißen und rosafarbenen Sinterterrassen lagen, einen 100 Meter tiefen Krater aufriss; den heutigen Lake Rotomahana. Er liegt am südlichen Ende des damals ebenfalls entstandenen, 17 Kilometer langen *Volcanic Valley*. Der Gipfel des Mount Tarawera brach bei der Eruption auf und besteht heute aus drei Spitzen: Ruawahia Peak, Tarawera Peak und Wahanga Peak, die bis zu 1111 Meter hoch sind.

Die 22 Krater, aus denen damals der Tod hervorbrach, liegen heute als stille Seen da und laden mit trügerisch verlockendem türkis- bis petrolblauem Wasser zum Baden ein. Zumindest im *Frying Pan Lake*, dem größten Thermalsee der Welt, sollte man das aber nicht versuchen. Die stetig über der Wasseroberfläche tanzenden Dämpfe deuten schon darauf hin, dass die Wassertemperatur für Badefreuden viel zu hoch ist.

Wer das *Waimangu Volcanic Valley* öfters besucht und genau hinschaut, der kann Zeuge des faszinierenden Zusammenspiels der Thermalseen werden: Die Wasserpegel schwanken in regelmäßigen Rhythmen, und wenn zum Beispiel der *Inferno Crater* überläuft, sinkt gleichzeitig der Wasserstand des Bratpfannensees. Mit Messstationen werden seit den 1970er-Jahren die thermalen Geheimnisse entschlüsselt.

Das *Waimangu Volcanic Valley*, zuletzt einschneidend umgestaltet durch den Ausbruch des *Inferno Crater* im Jahr 1917, ist das jüngste Thermalge-

Rotorua und Central North Island

biet der Welt. Auf dem Weg vorbei am *Echo Crater*, den *Cathedral Rocks* oder der *Marble Terrace* sieht man eindrucksvoll, welche Zerstörungskraft das heiße Erdinnere beherbergt – aber auch, mit welcher Beharrlichkeit und Lebensfreude sich die Natur in nur 120 Jahren komplett regeneriert hat.

Nirgendwo sonst auf der Welt kann man ein solches geothermales Ökosystem bewundern – entstanden wie Phönix aus der (Vulkan-) Asche. Alles, was heute hier wächst, von thermophilen Bakterien und Algen über Moose und seltene Farne, ist ohne menschliches Nachhelfen entstanden.

Rotorua und Central North Island

Der ursprüngliche Namensgeber des Gebiets, der Waimangu-Geysir, schweigt leider schon seit über hundert Jahren. Einst war er mit einer Fontäne von über 400 Metern Höhe der größte Geysir der Welt und spuckte regelmäßig schwarzen Schlamm und Steine (sein Name bedeutet „schwarzes Wasser"). Nach der Zerstörung der Sinterterrassen, die damals als Neuseelands wichtigste Sehenswürdigkeit galten, hatte das Erlöschen dieses gewaltigen Geysirs die Hoffnung auf neue Besucher mitgenommen.

Dass das *Waimangu Volcanic Valley* heute wieder auf dem Tourismus-Radar liegt, hat es einer ortsansässigen Maori-Familie zu verdanken.

Der kochendheiße *Frying Pan Lake* am *Echo Crater*

Rotorua und Central North Island

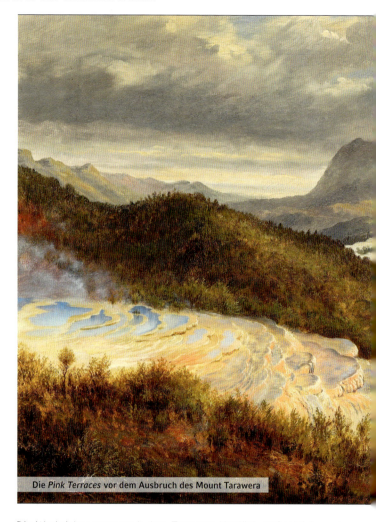

Die *Pink Terraces* vor dem Ausbruch des Mount Tarawera

Die Warbricks waren nach dem Tarawera-Unglück maßgeblich an den Rettungsarbeiten beteiligt – der Ausbruch tötete über 100 Menschen und zerstörte das von Maori und Touristen bewohnte Dorf Te Wairoa

Rotorua und Central North Island

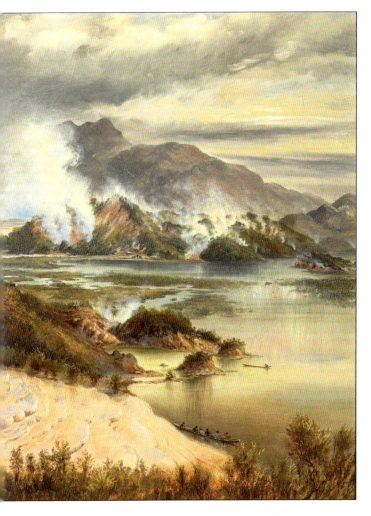

komplett (heute können seine wieder ausgegrabenen Überreste besichtigt werden). Danach führten sie über mehrere Generationen Touristen durch das Tal. Joseph Astbury Warbrick, einer der ersten Maori-Rugby-

Rotorua und Central North Island

Spieler Neuseelands, starb zusammen mit drei Besuchern bei einem Ausbruch des Waimangu-Geysirs.

Nach ihm wurden die weiß-orangefarbenen Warbrick-Sinterterrassen benannt – die allerdings kein Vergleich zu den Naturwundern sind, die heute 60 Meter tief auf dem Grund des Lake Rotomahana verborgen liegen. Der dunkelblaue, von schwarzen Schwänen bewohnte See liegt in trügerischer Ruhe da, und nur die dampfenden Felsspalten am Ufer erinnern an die ungeheure Kraft unter seinem Boden.

Der Ausbruch des Mount Tarawera war der schwerste in Neuseeland in den letzten 700 Jahren – wer weiß, wann der nächste kommt und was er anrichten wird?

Eine geführte, etwa dreiviertelstündige Rundfahrt über den See auf dem kleinen Motorboot *Ariki Moana* ist der krönende und erholsame Abschluss der Tour durch das *Waimangu Volcanic Valley*. Wer nach dem etwa vier Kilometer langen Hinweg zum Ufer des Lake Rotomahana nicht die ganze Strecke bergauf zurück laufen mag, kann ganz bequem einen kostenlosen Shuttlebus zurück zum Besucherzentrum nehmen.

Info

Lage: Etwa 25 Kilometer südlich von Rotorua, am SH 5

Anfahrt: Aus Rotorua bieten mehrere Shuttle-Dienste den Transport an. Selbstfahrer biegen etwa 14 Kilometer südlich von Rotorua vom SH 5 links auf die Waimangu Road ab und fahren weitere 6 Kilometer bis zum Eingang.

Öffnungszeiten: täglich ab 8:30 Uhr, letzter Einlass für die kürzeste Wanderung ist 15:40 Uhr (im Januar 16:40 Uhr), für die letzte Bootsfahrt 14 Uhr. Das Boot fährt täglich fünfmal zwischen 10 und 15:15 Uhr, eine Rundfahrt dauert 45 Minuten. Für die Wanderung mit Bootsfahrt sollten mindestens drei Stunden eingeplant werden. Der Shuttlebus fährt neunmal täglich seine Runde und kann jederzeit kostenfrei bestiegen werden.

Eintritt: 38,50 NZD Erwachsene/12 NZD Kinder ab 6 Jahren, mit Bootsfahrt auf dem Lake Rotomahana 83,50 NZD/24 NZD

Kontakt: 587 Waimangu Road, Rotorua, Tel.: +64-7 366 6137, E-Mail: nature@waimangu.co.nz, Web: www.waimangu.co.nz

Aktivitäten:

Das *Waimangu Volcanic Valley* kann auf eigene Faust erkundet werden, auch in Kombination mit einer Rundfahrt über den Lake Rotomahana (sehr zu empfehlen!). Ein Shuttle hält an drei Punkten entlang des Weges, wodurch man Länge und Dauer individuell gestalten kann. Empfehlenswert ist es, nur den Hinweg bis zum See zu laufen, da er über die gesamte Strecke leicht bergab führt. Buggy-tauglich ist er trotzdem nur bedingt, einige Krater können nur über Stufen erreicht werden!

Ein etwa halbstündiger Abzweig vom Hauptweg ist der Mount Haszard Hiking Trail, der vom *Inferno Crater* hoch über das *Waimangu Valley* führt. Er ist steil und anspruchsvoll!

Daneben werden geführte Wanderungen ab 150 NZD angeboten.

Achtung: Im Sommer kann es im Tal sehr warm werden, Sonnenschutz und festes Schuhwerk sind essenziell. Am Weg und am Bootssteg gibt es keine Möglichkeiten zur Verpflegung, genügend Proviant und Getränke für eine Halbtageswanderung sollten also mitgenommen werden. Am Besucherzentrum gibt es ein kleines Café.

Te Wairoa: (*The Buried Village*), das beim Ausbruch des Mount Tarawera verschüttete Dorf, kann ebenfalls besichtigt werden. Auf dem Gelände gibt es historische Ausgrabungen der Häuser, ein kinderfreundlich gestaltetes Museum und ein Café mit Spielplatz. Die Anfahrt ist nur von Rotorua aus über die Tarawera Road möglich. Eintritt: 35 NZD (Erwachsene), 10 NZD (Kinder von 5 bis 15 Jahren), – bei Online-Buchung 5 NZD Rabatt!

Hot Water Beach: Am nördlichen Ufer des Lake Rotomahana kann in natürlichen heißen Quellen gebadet werden. Vom Parkplatz am *Buried Village* führt der Tarawera Trail nach Süden bis zum Seeufer, geschätzte 5 bis 6 Stunden (von Rotorua aus ist auch die Anfahrt per Wassertaxi möglich). Übernachten im Zelt für 13/6,50 NZD (DOC Campsite).

Unterkünfte:

- *Lake Okaro*, einfache Campsite des Rotorua Lakes Council etwa 2 Kilometer südlich vom Besucherzentrum am Ufer des Lake Okaro, 8/4 NZD für Zelte und Campervans

24. Hamurana Springs Track: Kurztrip in den Märchenwald

Einfache, kurze Wege für den faulen oder eiligen Wanderer bietet Neuseeland zur Genüge. Einer der schönsten, den auch Wander-Profis mit viel Kondition nicht verschmähen sollten, ist der Rundweg zu den märchenhaft schönen Hamurana Springs in Rotorua.

Die Hamurana Springs am Nordufer des Lake Rotorua sind die tiefsten natürlichen Quellen auf der gesamten Nordinsel. Ihr geradezu unwirklich blau-grünes Wasser sickert siebzig Jahre lang durch das Mamaku-Plateau nach unten, bevor es durch eine fünfzehn Meter dicke vulkanische Gesteinsschicht mitten im Wald wieder hervorsprudelt. Die Wassertemperatur liegt das ganze Jahr über bei etwa 10° Celsius – nicht eben zum Baden geeignet, obwohl wagemutige Kinder genau das trotzdem gern versuchen. Tipp: Wer anschließend in den See springt, der wird dessen Wasser herrlich warm finden!

Der aus den Quellen entspringende Hamurana Stream fließt etwa einen Kilometer durch einen kleinen Wald aus majestätischen kalifornischen Redwoods, bevor er in den Lake Rotorua mündet. Über 50 Meter hohe Baumriesen ragen wie Pfeile in den Himmel, an Dinosaurierzeiten erinnernde Baumfarne neigen sich über das Wasser, und *Stand-up-Paddler* bewegen sich langsam auf dem Fluss entlang, während unter ihnen Regenbogenforellen hin und her huschen, die das kühle Wasser lieben.

Der Hamurana Springs River trägt das eiskalte Quellwasser in den Lake Rotorua

In der größten Quelle, *Te Puna-a-Hangarua*, sprudeln vier Millionen Liter Wasser pro Stunde aus einem 15 Meter tiefen Felsenloch heraus. Von einer erhöhten Plattform aus werfen Besucher Münzen hinab, die auf dem Wasserstrom lustig tanzen, bevor sie zu Boden sinken. 1957 mussten Taucher aus der fast zugestopften Quelle über fünftausend Penny-Stücke sammeln, die an wohltätige Stiftungen gespendet wurden.

Genauso faszinierend ist die *Dancing Sands Spring*, zu der die Runde als nächstes führt. Weißer und schwarzer Sand am Boden dieser sehr flachen Quelle wirbelt ständig auf und nieder und glitzert auch noch feenhaft, wenn Sonnenlicht auf das Wasser fällt. Ein Kindertraum!

Der Weg begleitet den Fluss fast die ganze Zeit über, zuerst an einem Ufer, dann am anderen. In der Mitte des kurzen Rundwegs wartet ein wunderschönes Panorama der *Skyline* von Rotorua, genau dort, wo der Bach in den Lake Rotorua mündet. Mit dem richtigen Timing sieht man von hier die Dampfwolke des gerade ausbrechenden Pohutu-Geysirs.

Info

Lage: Am nördlichen Ufer des Lake Rotorua, gleich neben einem Golfplatz

Anfahrt: Aus der Stadt fährt man auf dem SH 5 etwa 10 Kilometer nach Norden, biegt dann rechts auf den SH 36 ab und nach weiteren 5 Kilometern rechts auf die Hamurana Road, um am Seeufer zu bleiben. Der Parkplatz liegt direkt neben dem Golfplatz.

Achtung: Rund um Rotorua kommt es häufiger zu Diebstählen auf Parkplätzen. Im geparkten Fahrzeug sollten niemals irgendwelche Wertgegenstände gelassen werden, auch nicht bei sehr kurzen Ausflügen!

Der Rundweg ist 800 Meter lang und in etwa 20 Minuten gelaufen. Buggys sind kein Problem. Mit Stand März 2018 wird der Rundweg renoviert, dabei kann es zu Einschränkungen kommen.

Öffnungszeiten: täglich 9 bis 18 Uhr, letzter Einlass 17 Uhr (im Winter jeweils eine Stunde früher)

Eintritt: Seit Oktober 2017 werden die Springs von den Ngati Rangiwewehi verwaltet, die eine Gebühr von 18 NZD für Erwachsene und 8 NZD für Kinder ab 10 Jahren eingeführt haben.

25. Waitangi Soda Hot Springs: Thermalbaden wie in guten alten Zeiten

Ach, in der guten alten Zeit ... So seufzen die Einheimischen, wenn sie von den Waitangi Soda Springs sprechen. Die abgelegenen Thermalquellen erfreuen sich vor allem bei ortsansässigen Maori-Familien seit Generationen großer Beliebtheit. Renoviert und aufgehübscht, ist der Eintritt seit einigen Jahren nicht mehr frei. Ein Erlebnis ist ein Besuch der Waitangi Soda Hot Springs aber immer noch.

Waitangi Soda Hot Springs

Seit hunderten von Jahren sind die Waitangi Soda Hot Springs, die in einer abgeschiedenen Ecke zwischen drei kleineren Seen nahe Rotorua liegen, ein wichtiger Teil der Lebensweise und Kultur der Maori. Eine Quelle, die wirklich aus Sprudelwasser (*soda*) zu bestehen scheint, blubbert in einem Becken vor sich hin und fließt, sich mit einem Strom aus kühlerem Wasser mischend, hinab in eine Reihe größerer Pools.

Alt und jung nutzen die heißen Pools, um Arthritis, Gelenkschmerzen und Beschwerden zu lindern, oder um sich einfach ein wenig Erholung und innere Belebung zu gönnen. Die heilenden Eigenschaften der geothermalen Pools sind weit über Rotoruas Grenzen bekannt, und die halbstündige Anfahrt aus der Stadt ist keinem zu lang.

Früher konnte man die heißen Quellen benutzen, wann man wollte und so lange man wollte. Den etwas abgenutzten (einige meinen: heruntergekommenen) Zustand und gelegentlich starken Algenbefall der Becken nahm man dafür in Kauf. Heute sieht es an den Waitangi Soda Hot Springs deutlich schicker aus – auch Touristen finden inzwischen hin und wieder den Weg hierher und mischen sich mit den einheimischen Wellness-Besuchern.

In der Dämmerung kann es in den Pools dann schon mal voll werden, vor allem an der begehrten Stelle, wo man sich im brusttiefen Wasser von einem heißen Wasserfall den Nacken massieren lassen kann. Das Gefühl, unter freiem Himmel im herrlich warmen, leicht sprudelnden Wasser zu dümpeln, umgeben von nichts als grandioser Natur, ist trotzdem großartig.

Info

Lage: 33 Kilometer von Rotorua entfernt, zwischen Lake Rotoma, Lake Rotoiti und Lake Rotoehu, GPS: -38.0379187,176.5491882

Anfahrt: Von Rotorua auf SH 30 in Richtung Whakatane fahren, kurz vor der Tankstelle links abbiegen auf Manawahe Road. Etwa 200 Meter nach der Kreuzung des SH 30 links zu den Pools einbiegen. Adresse: 52 Manawahe Road, Rotorua, Tel.: + 64-7 3620 788, Web: www.sodasprings.co.nz

Öffnungszeiten: täglich ab 7 Uhr morgens

Eintritt: 8 NZD/Erwachsene, 5 NZD/Kinder, 25 NZD/Familienkarte, 3 NZD Senioren (60+)

Achtung: Das Wasser hat einen niedrigeren Schwefelgehalt als andere Thermalquellen und verfärbt weder Silberschmuck noch Badekleidung.

Unterkünfte:
- *Rotoma Holiday Park*, Geheimtipp nur wenige hundert Meter von den Hot Springs entfernt, nur im Sommer geöffnet, 8 Manawahe Road, Lake Rotoma (gleich nach dem Abbiegen vom SH 30), Tel.: +64-7 362 0815
- *Back of Beyond Cottage*, einfaches Ferienhaus mit Terrasse am Ufer des Lake Rotoehu, 150 NZD/Nacht für 2 Erwachsene (Kinder bis 16 Jahre frei), 165 Pongakawa Valley Road, Lake Rotoehu, Rotorua, Tel.: +64-7 544 8086, Web: www.backofbeyondcottage.co.nz

Rotorua und Central North Island

26. Ohinemutu Village: Rotoruas lebendige Geschichte

Rotorua ist heute eine moderne Stadt mit fast 60.000 Einwohnern, die jährlich von zehntausenden Menschen aus aller Welt besucht wird. Wem der Trubel zu viel wird, der kann auf einem Spaziergang durch das alte Stadtviertel Ohinemutu einen lebendigen Eindruck von der reichen Kultur der Maori gewinnen und historische Gebäude vor einer wunderschönen Kulisse fotografieren – ganz ohne Touristen im Bild.

Rotorua und Central North Island

Ohinemutu, das um 1870 den ursprünglichen Stadtkern Rotoruas bildete, blickt auf eine lange Geschichte zurück. Hier siedelten schon vor Jahrhunderten Maori der Ngati Whakaue, denn die Lage direkt am Seeufer und mit Zugang zu heißen Quellen war ideal. Die ersten europäischen Touristen, darunter sogar Könige, logierten hier, um die weltberühmten *Pink and White Terraces* am Lake Tarawera zu besuchen und sich in den Thermalquellen zu entspannen.

Heute führen ganz normale Menschen in Ohinemutu ihr ganz normales Leben – jedenfalls so normal, wie es in einer Stadt eben ist, die auf einer

Historischer Blick auf das alte Ohinemutu

Rotorua und Central North Island

riesigen thermalen Zone steht und in der es aus jedem Gullydeckel heiß herausdampft. Ein Spaziergang durch die engen, von schmucken Holzgebäuden gesäumten Straßen erlaubt Blicke in Hinterhöfe, wo Speisen in kleinen Drahtkörbchen in dampfenden Löchern gegart werden und wo Familien abends direkt hinter dem Haus in ihrem eigenen Thermalpool entspannen, oder auf Straßenbaustellen, aus denen schweflig müffelnder Qualm steigt. Nicht vom Weg abgehen gilt auch hier, mitten in der Stadt!

Der Weg zum Dorfzentrum, wo der beeindruckend verzierte *Marae Te Papaiouru* und das Versammlungshaus *Tama-te-Kapua* des Maori-Stamms der *Ngati Whakaue* aufragen, gibt aber auch einen wunderschönen Einblick in die Vielfalt und Lebendigkeit der Kultur der Maori, die noch heute einen Großteil der Bevölkerung stellen.

Nachdem man die reichen Schnitzereien mit den hunderten eingearbeiteten glänzenden *Paua*-Schalen bewundert hat und eine Ahnung der

Der *Marae Te Papaiouru* gehört den *Ngati Whakaue*

von ihnen erzählten Geschichten bekommen hat – unter anderem über Häuptling Tama-Te-Kapua, der in seiner Heimat Hawaiki Früchte vom Baum eines anderen Häuptlings stahl und deshalb das Land verlassen und Neuseeland entdecken musste –, stellt die über hundert Jahre alte Maori-Kirche St Faiths alle Eindrücke wieder auf den Kopf.

Viele Maori sind auch Christen. Einen zweisprachigen Gottesdienst kann man jeden Sonntag um 9 Uhr besuchen. Wer außerhalb dieser Zeiten einfach mal hereinschauen will, der wird sogar ganz ohne religiöse Bindung nicht umhin können, den perfekten Tudor-Stil des Gebäudes und die damit kontrastierenden Schnitzereien und Wandpaneele im Inneren der Kirche zu bewundern. Das Herzstück von St Faiths ist zweifellos der abgebildete Jesus, der einen Federmantel im Stil der Maori auf den Schultern trägt und, weil er in eine Glasscheibe eingraviert ist, beim Blick aus der Kirche über dem Wasser des Lake Rotorua zu laufen scheint – himmlisch!

Info

Lage: Ohinemutu ist ein Stadtviertel im Zentrum von Rotorua, das etwa zwischen dem Seeufer und dem Kuirau Park liegt. Von der iSite sind es etwa 1,5 Kilometer.

Anfahrt: Von der iSite in Rotorua über die Arawa Street zum Kuirau Park laufen, dort rechts auf Ranolf Street abbiegen und etwa 600 Meter bis zur Lake Road laufen. Von hier aus kann man nach rechts bis zum Seeufer spazieren, an der Kiharoa Street liegen das Maori-Versammlungshaus, der *Marae* und die Kirche.

Öffnungszeiten: Das Dorf ist für Besucher immer offen. Der Gottesdienst in der St Faiths Church findet sonntags um 9 Uhr statt, die Kirche ist ansonsten täglich ab 8 Uhr geöffnet. Der *Marae* und das Versammlungshaus sind für Besucher ohne Einladung nicht zugänglich.

Aktivitäten: In *Ohinemutu Maori Handicrafts* von Meisterschnitzer Tony Kapua kann man Kunstwerke aus Holz, Knochen, Paua-Muscheln oder Flax kaufen.

Eintritt: nichts

Geführte Rundgänge durch Ohinemutu dauern etwa eine Stunde, mit anschließendem Besuch der Maori-Holzschnitzwerkstatt. Die Touren finden zweimal täglich statt, Kosten ab 35 NZD (Anbieter zum Beispiel *Kia Ora Guided Tours*, Buchung in der iSite möglich).

27. Kerosene Creek: Spa im Wald

Nicht weit entfernt von den großen, teuren Thermal-Attraktionen Rotoruas liegt eine kleine, feine und vor allem kostenlose Wellness-Oase mitten im Wald: Ein thermales Flüsschen lädt fernab vom *tourist trail* zum Baden und Entspannen ein.

Niemand ist weit und breit zu sehen, wenn man sich auf dem schmalen Weg durch den lichten Wald tastet – wirklich niemand? Es ist kaum zu fassen, dass so etwas möglich sein kann: ganz allein nackt in der freien Natur baden, sich vom gerade noch erträglich heißen Thermalwasser, das über mehrere kleine Felsabsätze fließt, Nacken und Schultern massieren lassen, entspannt (und nur leicht naserümpfend ob des Schwefeldufts) in den beiden Pools im flachen Flussbett dümpeln und den Rufen der Waldvögel lauschen. Wenn jetzt ein Dinosaurier seine Schnauze durch die Farntriebe stecken würde – man würde sich nicht wundern.

Tiefenentspannung in freier Natur

Rotorua und Central North Island

Der kleine Kerosene Creek etwa 30 Kilometer südlich von Rotorua hat es geschafft, trotz seiner Berühmtheit ein Geheimtipp zu bleiben. Kein Besucherparkplatz mit Toilette wurde errichtet, kein hölzerner *board walk* erleichtert Rollstuhl- und Buggyfahrern das Herankommen, keine Betonstufen helfen beim Ins-Wasser-Steigen. Wellness-Liebhaber und Touristen besuchen lieber die nahe gelegenen *Waikite Hot Pools*, während sich am Kerosene Creek ein anderes Völkchen tummelt.

Wenn überhaupt jemand hier anzutreffen ist, dann sind es meistens neuseeländische Familien aus der Umgebung, freundliche Hippies oder verträumte Spiritualisten, die hier dem Geist der Natur nachspüren. Abends wird der Weg manchmal stimmungsvoll von mitgebrachten Kerzen erleuchtet, ansonsten gibt es hier nichts außer dem Wald und dem Flüsschen.

Info

Lage: 35 Kilometer südlich von Rotorua, GPS: -38.3345665, 176.3159087

Anfahrt: Auf dem SH 5 von Rotorua nach Süden fahren, etwa 500 Meter nach dem Abzweig nach Murupara (SH 38) links auf die geschotterte Old Waiotapu Road (auf Google Maps *Waikaremoana Road*) einbiegen und 2,2 Kilometer bis zu einem Tor fahren, rechts parken. Durch den Wald führt ein kurzer Weg in etwa 5 Minuten zum Kerosene Creek und weiter am Fluss entlang bis zu den *hot pools*.

Öffnungszeiten: immer

Eintritt: nichts

Achtung: Es kommt immer wieder zu Einbrüchen in den geparkten Autos, also Wertsachen mitnehmen! Am Parkplatz gibt keinen Mülleimer, aber seit Kurzem eine Toilette.

Das Wasser des Baches ist bis zu 40 °Celsius heiß (die Temperatur schwankt abhängig von der Wassermenge des Flusses und ist nach Regenfällen niedriger).

Vorsicht: Ein Schild warnt vor der Gefahr, sich über Amöben, die im Thermalwasser leben, mit Meningitis zu infizieren. Über die Nase können sie ins Gehirn eindringen, beim Baden sollte also nicht der Kopf eingetaucht werden!

Silberschmuck verfärbt sich im schwefligen Wasser golden bis schwarz, er kann aber wieder blankpoliert werden.

28. Mangawhero Falls: Abstecher für Film-Fans

Es gibt viele Wasserfälle in Neuseeland, aber die Mangawhero Falls wenige Kilometer hinter Ohakune sind trotzdem etwas ganz Besonderes. Wo sonst hat man direkt von einem Wasserfall einen perfekten Blick auf den Mount Ruapehu, und wo sonst kann man einen Drehort der „Herr der Ringe"-Filme einfach so betreten und Gollum spielen?

Rotorua und Central North Island

Die Mangawhero Falls liegen zwar ganz unspektakulär am Straßenrand und sind mit einem kurzen, langweiligen Spaziergang zu einer abgezäunten Aussichtsplattform in zehn Minuten „abgefrühstückt" – aber das Wasser, das hier fast 30 Meter in einem beeindruckenden Strahl frei von einer Klippe zu Tal schießt und unten schäumend in einem kleinen Becken aufschlägt, ist den Fotostopp allein schon wert. Im Frühling, wenn die Schneeschmelze den Bergbach anschwellen lässt, erreichen die Mangawhero Falls eine beachtliche Stärke, und das

Die Mangawhero Falls laden zum *Re-enacting* ein

Strenggenommen darf man nicht so nah an die Wasserfallkante herangehen...

Rotorua und Central North Island

herabstürzende Wasser höhlt den Felsen hinter dem Fall immer weiter aus. Im Winter fließt zwar weniger Wasser, dafür bilden sich oft spektakuläre Eiszapfen.

Hebt man den Blick auf das Panorama des Tongariro National Park, der sich weithin erstreckt, kann man schon ein paar weitere bewundernde Minuten an seinen Besuch dranhängen.

Und wer ein Fan von Mittelerde und den Filmen von Neuseelands neuem Nationalhelden Sir Peter Jackson ist, der wird vielleicht sogar noch länger bleiben und die exakte Stelle suchen, an der Gollum im zweiten Teil der Trilogie („Die zwei Türme") wild plantschend in einem Bachbett einen Fisch fängt. Die Dreharbeiten fanden damals übrigens im Winter statt, und Schauspieler Andy Serkis musste die Szene im eiskalten Wasser des Bergbachs mehrmals wiederholen – Respekt!

Eine weitere Szene wurde am Fuß des Wasserfalls gedreht, ist aber dank starker Nachbearbeitung am Computer kaum noch in der Realität wiederzuerkennen. Das zu Fuß nicht zugängliche Becken ist jedenfalls der „Verbotene Teich", wo Gollum in einer bewegenden Szene von Frodo betrogen und von Faramir gefangen wird. So macht Location-Suche Spaß!

Info

Lage: Etwa 20 Minuten bergauf von Ohakune Village in Richtung *Turoa Skifield*, Anfahrt über durchwegs asphaltierte Straße. GPS für den Startpunkt: -39.319218,175.502732

Anfahrt: Von Ohakune etwa 16 Kilometer nach Norden auf Goldfinch Street/Mangawhero Terrace/Ohakune Mountain Road fahren, bis zum ausgeschilderten kleinen Parkplatz am Straßenrand. Der Weg zum Kopf des Wasserfalls dauert maximal 10 Minuten. Es gibt keine Möglichkeit, an den Fuß des Wasserfalls zu gelangen!

Öffnungszeiten: immer

Eintritt: nichts

Unterkünfte:
- *Mangawhero*, Scenic DOC Campsite mit 12 Stellplätzen an Ohakune Mountain Road, 2 Kilometer stadtauswärts, Kosten: 13 NZD/Erwachsene, 6,50 NZD/Kinder ab 5 Jahren

29. Orakei Korako: versteckte Thermal-Attraktion

Wer die großen und gut besuchten Thermalgebiete in und um Rotorua schon kennt, der ist vielleicht auf der Suche nach einem Thermal-Geheimtipp. *Orakei Korako*, in ordentlicher Entfernung vom Thermal-Rummel, lohnt sich allerdings nur für echte Thermal-Enthusiasten.

Das ziemlich abgelegene Thermalgebiet mit der angeblich einzigen Thermalhöhle der Welt lockt zwar mit dem geheimnisvollen Namen *Hidden Valley*, ist aber alles andere als versteckt – zumindest in der Hauptsaison ist man hier garantiert nicht allein.

Rotorua und Central North Island

So klein, wie es auf den ersten Blick scheint, ist das *Hidden Valley* gar nicht: Zwei Drittel seines Gebiets liegen unter dem Wasserspiegel des Lake Ohakuri, der erst in den 1960er-Jahren als Resultat eines Staudamms entstand. Dabei verschwanden auch zwei gigantische Geysire, die bis zu 90 Meter hoch eruptierten und damit den Geysiren des Yellowstone-Nationalparks in den USA Konkurrenz machten.

Heute beeindruckt *Orakei Korako*, auf Maori „der glitzernde Ort der Bewunderung", seine Besucher mit einem der größten Felder von dampfenden Sinterterrassen der Welt (und dem größten Neuseelands), blubbernden Schlammpfuhlen, den 23 aktivsten Geysiren in Neuseeland, die immer mal wieder spotzend zum Leben erwachen, und natürlich von Bakterien und Algen bunt eingefärbten heißen Teichen und Flüsschen.

Map of Africa: mit etwas Fantasie erkennt man die Umrisse des afrikanischen Kontinents

Rotorua und Central North Island

Die größten Sinterterrassen in ganz Neuseeland

Ein Rundweg führt Besucher vom Bootsanleger aus einmal rund um das kleine Tal, teilweise über Holzplanken und einige Treppen. Man braucht eine gute Stunde, um alles zu sehen, dann kann man wieder auf die Fähre steigen.

Die ist in gewissem Sinne Namensgeberin dieses Thermalgebiets, das lange vom Maori-Stamm der *Ngati Tahu* besiedelt war und schon seit 1937 offiziell Touristen empfängt: Zugang zum *Hidden Valley* bekommt man nur über den schmalen Lake Ohakuri, der das Tal noch ein wenig abgeschiedener macht. Besonders morgens und abends sehen die aufsteigenden Dämpfe vor dem Panorama des Sees beeindruckend aus.

Ruatapu, die Hauptattraktion von *Orakei Korako*, wird beworben als eine von weltweit nur zwei Höhlen in einem Thermalgebiet. Für Laien-Augen stellt sie sich allerdings sehr unspektakulär dar: Der Höhleneingang ist so breit, dass nicht wirklich Höhlenfeeling aufkommt, und außerdem sind hier unten weder aufsteigende Dämpfe noch andere Anzeichen thermaler Aktivität zu sehen. Der säurehaltige, heiße *Lake of Mirrors* am 36 Meter tiefen Boden der Höhle ist, nun ja, eben ein kleiner See und darf sowieso nicht betreten werden. Wer im Sommer herkommt, der freut sich allenfalls über den angenehmen Schatten, den die Höhlenwand bietet.

Rotorua und Central North Island

Orakei Korako ist nicht so beeindruckend wie etwa das *Waiotapu Thermal Wonderland* oder *Whakarewarewa Thermal Valley* – dafür bietet es allerdings auch mehr Ruhe und kostet deutlich weniger Eintritt.

Und da es von Rotorua viel weiter entfernt ist als die anderen Thermalgebiete, kann man es als autarker Camper ganz für sich allein genießen: Wer hier im Wohnmobil die Nacht verbringt, kommt den Bus-Touristen morgens um eine gute Stunde zuvor. Dann ist das *Hidden Valley* wirklich ein echter Geheimtipp, der seinen Namen verdient.

Info

Lage: In der Taupo Volcanic Zone, etwa 30 Minuten Fahrtzeit von Taupo/45 Minuten von Rotorua; 494 Orakei Korako Road, Taupo 3083, GPS: -3828.429, 1768.582

Anfahrt: Von Taupo nach Norden auf SH 1 in Richtung Hamilton fahren, 14 Kilometer nach Wairakei (wo der SH 5 abzweigt) rechts abbiegen auf Tutukau Road, nach 9 Kilometer links abbiegen auf Orakei Korako Road und 5 Kilometer bis zum Ende fahren.
Bus-Shuttle von Rotorua zum Beispiel über *Taylor's Tours*, auch Scenic Flights von Rotorua und Taupo werden angeboten.

Öffnungszeiten: 8 Uhr bis 16 Uhr (im Winter)/16:30 Uhr (im Sommer)

Eintritt: 36 NZD/Erwachsener ab 16 Jahre, 15 NZD/Kinder ab 6 Jahre, Familienticket (2 Erwachsene, 2 Kinder) 92 NZD. Das Fährticket ist im Eintrittspreis enthalten.

Aktivitäten: Picknick auf der Wiese am Besucherzentrum, baden im See (nicht in den Thermalseen!)

Achtung: Die Wege im *Hidden Valley* sind einfach, aber nicht Buggytauglich. Besucher mit Kindern unter 2 Jahren können kostenlos eine Rückentrage leihen!

Unterkünfte:
- Wohnmobile mit *Self containment*-Zertifikat dürfen kostenlos auf dem Besucherparkplatz übernachten, können allerdings zwischen 17 und 8 Uhr nicht die Toiletten benutzen.

Das *Mud Cake Café* am Bootsanleger bietet Snacks und kostenloses Wifi (50 MB).
Kontakt: Tel.: +64 7-378 3131, Web: www.orakeikorako.co.nz

30. Te Porere Redoubts: neuseeländische Kriegsgeschichte(n)

Kriegsgeschichte in Neuseeland? Oh ja. Die Neuseeland-Kriege, die zwischen 1845 und 1872 tobten, prägen das Selbstverständnis der Maori bis heute, und nicht nur Fans historischer Schlachten pilgern zu dieser bedeutenden Stätte neuseeländischer Geschichte in der Nähe von Turangi.

Unzweifelhaft gehören die Te Porere Redoubts im Schatten des mächtigen Tongariro-Bergmassivs zu Neuseelands geschichtlich bedeutendsten Plätzen. An dieser militärischen Verteidigungsanlage fand die letzte Schlacht der Neuseeland-Kriege statt. Ihre berühmteste Figur war der Maori-Krieger und -Prediger Te Kooti Arikirangi Te Turuki, der nach diesen Ereignissen den *Ringatu*-Glauben begründete.

Obwohl Te Kooti europäischen Truppen dabei geholfen hatte, den Maori-Kult *Pai Marire* niederzuwerfen, beschuldigte man ihn der Spionage und verbannte ihn auf die Chatham-Inseln. 1868 entkam Te Kooti zusammen mit 168 anderen Gefangenen von dort und sann auf Rache. In einem Dorf nahe Gisborne tötete er über 50 Einwohner, darunter auch Maori.

Viel ist von der Maori-Festung heute nicht mehr zu sehen

Rotorua und Central North Island

Vor seinen Verfolgern verschanzte er sich dann in der hastig errichteten Schanzenanlage von Te Porere, die er offenbar nach britischem Vorbild baute. Noch bevor der obere Teil fertiggestellt war, griffen Regierungstruppen aus Europäern und Maori den ersten Verteidigungswall an.

In dieser letzten Schlacht der Neuseeland-Kriege, am 4. Oktober 1869, verlor Te Kooti zwar zwei Finger seiner linken Hand und 37 seiner Krieger, konnte sich aber im nahen Wald verstecken und entkommen. Später wurde er ein religiöser Führer unter dem Schutz des Maori-Königs und 1883 begnadigte ihn sogar die neuseeländische Regierung.

Die Te Porere Redoubts haben heute großen kulturellen, spirituellen und gesellschaftlichen Wert für die Maori-Bevölkerung von Tuwharetoa, Anhänger des *Ringatu*-Glaubens und das neuseeländische Volk insgesamt. Die Stätte, von der aus sich wunderschöne Panoramablicke auf den Mount Tongariro und Mount Ngauruhoe auftun, ist daher gut besucht. Informative Schilder beschreiben ausführlich das damalige Geschehen.

Hat man sich durch den dichten Manuka-Wald auf die Lichtung der ersten Schanze gekämpft und erreicht dann nach weiteren 20 Minuten steil bergauf durch noch dichteres Buschwerk die zweite, noch eindrucksvollere Schanze, kann man sich fast vorstellen, wie hier vor fast 150 Jahren der Kampf tobte und die Musketen knallten.

Info

Lage: Die Te Porere Redoubts liegen am SH 47, 26 Kilometer südwestlich von Turangi, GPS: 39.045292,175.593114

Anfahrt: 26 Kilometer südwestlich von Turangi, kurz nach dem Abzweig des SH 46, rechts vom SH 47 abbiegen, der Parkplatz ist ausgeschildert. Von hier führt ein etwa 40-minütiger Fußweg zu den Festungsanlagen.

Öffnungszeiten: immer

Eintritt: nichts

Unterkünfte:
- Der nächstgelegene Campingplatz ist der *Tongariro Family Holiday Park*, direkt am SH 47, mit 23 Stellplätzen für Campervans (50 NZD/2 Erwachsene pro Nacht), *Cabins* und Ferienhäuschen, Tel.: +64-7 386 8062, Web: www.thp.co.nz

31. Mead's Wall: spektakulärer Ausflug ins Skigebiet

Eine echt aufregende Klettertour machen, ohne vorher stundenlang durchs Gebirge marschieren zu müssen, ja selbst ohne Ausrüstung oder alpine Kenntnisse – zumindest einen kleinen Eindruck davon vermittelt die äußerst bequem gelegene Mead's Wall direkt neben der Bergstation des *Whakapapa Skifield*.

Vom Parkplatz am oberen Ende der Bruce Road sind es nur ein paar Meter zur Talstation des brandneuen *Centennial*-Skilifts, der das *Whakapapa Skifield* bedient. Auch wenn hier kein Schnee liegt, bietet die Gegend wunderschöne und aufregende Wanderwege. Wer keine Lust hat, außer Puste zu geraten, steigt einfach in den Sessellift und lässt sich knapp 800 Meter weit an der Flanke des Mount Ruapehu hinauf auf 2000 Meter Höhe tragen.

Oben angelangt, schnappt man sich erst einmal einen köstlichen *flat white* und ein Stück Schokoladentorte und genießt diese auf der Besucherterrasse des schicken, 2011 neu errichteten *Knoll Ridge Chalet*, Neuseelands höchstgelegenem Café. Von hier eröffnet sich ein atemberaubender Rundumblick über die weiten Ebenen der Nordinsel.

Der Knoll Ridge I am Hang des Mount Ruapehu

Rotorua und Central North Island

Mit dem Sessellift geht es bequem und schnell hinauf

Bald schon wird der Blick aber an etwas anderem hängenbleiben: Rechterhand ragt aus dem Berghang nämlich eine äußerst ungewöhnliche Felsformation heraus, die wirklich aussieht, als hätte hier jemand sehr Großes eine Mauer aus Felsblöcken aufgeschichtet und damit das dahinter liegende Happy Valley abgeriegelt.

Ihren Namen hat die Mauer von einem echten Bergpionier: William Perrett Mead war einer der ersten, die das Tongariro-Gebiet auf Skiern (importiert aus der Schweiz) erkundeten, und gründete 1913 den *Ruapehu Ski Club*, Neuseelands ersten Skiverein. Mead trug einen großen Teil zur Entwicklung des Tongariro National Park bei, legte Hütten und Wege an, erstellte Landkarten und schrieb Reiseführer für die Gegend. Ihm hat auch das eindrucksvolle *Chateau Tongariro Hotel* seinen Standort zu verdanken.

Zu Fuß gelangt man in wenigen Minuten an den Fuß der „Mauer", hier ist nichts abgesperrt, alles ist frei zugänglich, auf eigene Gefahr. An genau dieser Stelle wurden über fünf Wochen verschiedene Szenen der „Herr der Ringe"-Filme gedreht. Der Aufwand, den die Filmteams betrieben, um den Felsboden nur ja nicht zu beschädigen, war immens: Alles wurde mit Netzen und Planen abgedeckt, für die Transportwege legte man Plankenwege an. Noch heute erkennt man problemlos den

Einfach atemberaubend: Mead's Wall

Hintergrund für epische Schlachten zwischen Elben und Orks oder für die Wanderung der Hobbits durch Emyn Muir wieder.

Vom Fuß der Mauer eröffnen sich spektakuläre Blicke zurück in den Skippers Canyon und hinüber zum Mount Ngauruhoe, der als Schicksalsberg *Mount Doom* auch eine wichtige Rolle im „Herr der Ringe"-Epos spielt.

Info

Lage: Mead's Wall liegt an der Bergstation des Whakapapa-Skilifts. Zu Fuß ist sie in etwa 30 Minuten vom Ende der Bruce Road erreichbar.

Anfahrt: Von Whakapapa Village aus etwa 6 Kilometer auf Bruce Road bergan fahren, am Ende parken. Von hier aus entweder auf dem markierten Weg zur Bergstation des Skilifts laufen oder mit dem Lift fahren.

Achtung: Die enorm steil abfallenden, teilweise glatten Klippen der Mead's Wall sind zwar eindrucksvoll und verlocken zum Beklettern, Kinder sollten hier aber streng unter Aufsicht bleiben und eventuell mit einem Gurt gesichert werden.

Öffnungszeiten: Der Skilift fährt bei gutem Wetter täglich (außer am 25.12.) von 9 Uhr bis 15:30 Uhr, das *Knoll Ridge Café* hat im Winter täglich von 9:30 Uhr bis 16 Uhr geöffnet, im Sommer gibt es die *Schuss Haus Corona Bar* (täglich 9 Uhr bis 15:45 Uhr).

Eintritt: nichts (Der Skilift kostet 29 NZD für eine Berg- und Talfahrt pro Erwachsenem, Kinder ab fünf Jahren zahlen 15 NZD, ein Familienpass kostet 69 NZD.)

Bei schlechtem Wetter können warme, wasserfeste Jacken und Hosen im *Vertical Whakapapa Store* nahe der Talstation geliehen werden. Hier gibt es auch die Tickets für den Skilift.

Ein weiterer kurzer Weg, der *Skyline Ridge Walk*, führt von der Bergstation aus etwa 1,5 Stunden bis auf eine Höhe von 2300 Metern und bietet an seiner höchsten Stelle einen Rundumblick bis zum Lake Taupo. Der Weg ist allerdings nur wenig markiert und bei schlechten Wetterverhältnissen kaum zu finden – Vorsicht, hier bewegt man sich in hochalpinem Gelände!

32. Waitonga Falls Track: Wasserfälle am Mount Ruapehu

Nicht jeder Besucher des Tongariro National Park hat Zeit, Lust oder die nötige Kondition für das „Juwel" dieses Nationalparks: Das Tongariro Alpine Crossing dauert immerhin einen ganzen Tag und braucht eine ordentliche Portion Schweiß. Zum Glück bietet die Gegend viele einfachere, kurze Tracks. Einer der schönsten führt zu den beeindruckenden Waitonga Falls und hat den zusätzlichen Vorteil, dass man hier kaum andere Wanderer trifft.

Rotorua und Central North Island

Die Waitonga Falls, die sich in zwei Kaskaden über fast 40 Meter von einer Felswand ergießen, sind die höchsten und gleichzeitig die am höchsten gelegenen Wasserfälle des Tongariro National Park. Noch schöner als der Wasserfall selbst ist aber die vier Kilometer kurze Wanderung dorthin, die durch ein sehr abwechslungsreiches Terrain führt und dabei sogar kindertauglich ist.

Das erste Stück des Weges windet sich, nachdem man eine kurze Hängebrücke über den Mangawhero River überquert hat, durch einen lichten Wald aus Bergbirken und Neuseeländischen Zedern (*kaikawaka*). Dann

Weit öffnet sich der Blick von den Rotokawa Pools auf den Tongariro National Park

Die Little Waitonga Falls aus nächster Nähe

geht es (über viele, viele Treppen) hinauf und hinunter auf eine sumpfige Hochebene. Nach dem Abzweig des Weges zur Old Blyth Hut überquert man auf einem langen, recht schmalen und gewundenen Bohlenweg ein alpines Hochmoor, in dem Sonnentau und viele Orchideen wachsen. Das Schönste an diesen *Rotokawa Pools* ist aber die Reflexion des im Norden aufragenden Mount Ruapehu, der sich hier an klaren Tagen im Wasser spiegelt. Der Blick von hier oben ist atemberaubend.

Von der Hochebene führt der Pfad wieder bergab durch dichter werdenden Wald, bis man das Ende des Weges in einem Bergeinschnitt am Fuß der Waitonga Falls erreicht hat. Nach einem spektakulären, frei fallenden ersten Abschnitt sammelt sich das Wasser auf halber Höhe in einem kleinen Pool, bevor es sich über mehrere Stufen im Felsen ergießt und unten in einem breiten Bachbett ankommt.

Wie es dort unten genau ankommt, findet man allerdings nur heraus, wenn man sich weitere 200 Meter querfeldein durch das felsige Bachbett vorkämpft – was bei hohem Wasserstand für sehr kalte Füße sorgen dürfte, denn das Bachwasser kommt direkt von den schneebedeckten Hängen des Mount Ruapehu. Als Bonus sieht man unterwegs noch viele weitere kleine Wasserfälle an den Seiten des Felsencanyons: die *Little Waitonga Falls*.

Info

Lage: Der Track beginnt an der Ohakune Mountain Road, etwa 15 Minuten nördlich von Ohakune. GPS für den Startpunkt: -39.32958, 175.49579

Anfahrt: Etwa 11 Kilometer bergauf von Ohakune Village in Richtung Turoa Skifield fahren, bis zum ausgeschilderten Parkplatz. Anfahrt über durchweg asphaltierte Straße.

Der Wasserfall kann auch als Teil des längeren *Round the Mountain Track* besucht werden.

Achtung: Das Wetter im Tongariro National Park ist das ganze Jahr über extrem wechselhaft. Auch kurze Wanderwege sollten nie unvorbereitet angetreten werden!

Öffnungszeiten: immer

Eintritt: nichts

East Cape und Hawke's Bay

33. East Cape: die vielleicht abgelegenste Region Neuseelands
34. Tarawera Hot Springs: Wellness à la Kiwi
35. Eastwoodhill Arboretum: exotische Pflanzen aus Europa
36. Mahia Peninsula: ein Kiwi-Ferienparadies
37. Rere Falls and Rockslide: echter Kiwi-Freizeitspaß
38. Lake Waikareiti: ein See mit Geheimnis

Wilde Küste am East Cape

East Cape und Hawke's Bay

33. East Cape: die vielleicht abgelegenste Region Neuseelands

Die 320 Kilometer lange Fahrt von Opotiki nach Gisborne um das East Cape herum führt durch eine der abgelegensten Gegenden der Nordinsel. Hierher kommen kaum Touristen, und warum auch – es gibt keine Thermalwunder oder Vulkane, keine spektakulären wilden Tiere und keine Adrenalin-Abenteuer an Gummiseilen oder in Gummibooten. Im Eastland ist der Weg das Ziel, und für den muss man sich Zeit nehmen.

Der Pier von Tolaga Bay ist der längste in Neuseeland

Auch wenn man laut Routenplaner nur sechs Stunden braucht, um die „Stiefelferse" der Nordinsel mit dem Auto zu umrunden: Wer mit einem straffen Terminplan reist, für den ist dieser Roadtrip nicht zu empfehlen. Aber mit genug Zeit in der Tasche kann man durchaus ein paar Tage „opfern", um sich ein wenig von Neuseelands schierer Unglaublichkeit zu erholen. In den stillen Buchten, an den einsamen Stränden und in den fast verlassenen Ortschaften kommt man zur Ruhe und findet vielleicht dabei sein ganz persönliches Neuseeland.

Der SH 35, der um das East Cape herumführt, ist schmal und in Teilen sogar nur geschottert. Hier passiert nicht viel, und wenn, dann muss man genau hinschauen und hinhören. Stimmungsvolle Filme wie „Whale Rider" von Niki Caro oder „Mahana" von Lee Tamahori wurden nicht umsonst genau hier gedreht.

East Cape und Hawke's Bay

Ganz gemütlich fährt man von Strand und Strand und von Bucht zu Bucht, stoppt vielleicht zwischendurch an der eindrucksvoll gelegenen Kirche von Raukokore (die schon seit 1895 über die Küste blickt) oder an der mit Maori-Schnitzkunst verzierten St Mary's Church in Tikitiki. Bei Kilometer 157, in Te Araroa, sollte man nicht nur tanken, sondern auch kurz aussteigen: Auf dem Hof der Dorfschule wächst Neuseelands größter Pohutukawa, der 350 Jahre alt ist.

Wo der Highway scharf nach Südosten abbiegt, fahren die meisten Besucher noch weitere 20 Kilometer geradeaus bis zum Otiki Hill und erklimmen die 750 schweißtreibenden Stufen bis zum Fuß des East Cape Lighthouse. Der Leuchtturm selbst macht keinen allzu spektakulären Eindruck und funktioniert seit 1985 vollautomatisch – aber selbst wenn, würde der verblassen vor der grandiosen Naturkulisse, die sich von hier oben eröffnet: weit und breit nichts als Pazifik, und die kleine vorgelagerte Insel Whangaokeno, auf der der Leuchtturm bis 1922 stand. Hier oben erblickt man jeden Tag als erster Mensch die aufgehende Son-

East Cape und Hawke's Bay

East Cape Hicks Bay

ne (glaubt man den Touristikern – eigentlich gebührt diese Ehre den Chatham Islands).

Noch eher, weil weiter oben, treffen die Strahlen der Morgensonne auf den 1752 Meter hohen Mount Hikurangi. Einer der wenigen nichtvulkanischen Gipfel Neuseelands und gleichzeitig deren höchster auf der Nordinsel, verlangt der für Maori heilige Berg mit der charakteristischen Doppelspitze von seinen Bezwingern einiges an Muskelschmalz. Alpines Training ist jedoch nicht vonnöten, und der Aufstieg vor Sonnenaufgang gehört zu den lohnendsten Anstrengungen, die man sich zumuten kann. Seit dem Jahr 2000 werden Gipfelstürmer hier oben von neun riesigen geschnitzten Statuen (*whakairo*) begrüßt. Die Maori glauben, dass das Kanu ihres Götterhelden Maui hier oben strandete, als dieser die Nordinsel an seiner Angel aus dem Meer zog.

Auf der Weiterfahrt in Richtung Gisborne passiert der SH 35 Neuseelands längsten und bestimmt auch schönsten Pier in Tolaga Bay, der jede

East Cape und Hawke's Bay

Broschüre der East Coast ziert. Anstatt nur die 660 Meter auf dem Pier entlangzuspazieren (und vielleicht zusammen mit den Maori-Kindern von oben ins türkisblaue Meer zu springen), kann man den Track zur Cook's Cove laufen, der kurz hinter dem Pier beginnt und über Schafweiden und durch dichten Urwald hinab zu der Bucht führt, wo einstmals Captain Cook anlandete – der historischer Marker steht noch da.

Per Kajak erreicht man bei ruhiger See die vorgelagerten Mitre Rocks und Pourewa Island und sucht sich seinen eigenen Weg unter Felsenbögen und durch geheime Buchten. Der Unterschied zum Abel Tasman National Park? Hier ist man völlig allein unterwegs.

Noch älter als der Pier von Tolaga Bay, wenn auch ein wenig kürzer und deutlich verfallener, ist die Tokomaru Wharf. Obwohl die gleichnamige Siedlung noch einige hundert Einwohner (hauptsächlich Maori) und einige wirtschaftliche Bedeutung hat, gleicht sie einer Geisterstadt. Als in den 1950er-Jahren die riesige Schaf-Schlachtfabrik schloss, wanderten 400 Arbeiter und ihre Familien ab. Zurück blieben einige morbide, aber sehr sehenswerte Industrieruinen.

Gisborne im Zeichen von James Cook

Nach 320 Kilometern erreicht der SH 35 schließlich Gisborne, eine der am meisten unterschätzten Städte der Nordinsel. *Gizzy* präsentiert seine Vergangenheit weniger stolz als das Art-déco-Schmuckkästchen Napier, dennoch fühlt man sich hier einfach wohl – sei es wegen des ausgesucht schönen Wetters oder wegen der lockeren Surfer-Atmosphäre. Wer es einrichten kann, der sollte zwischen dem 29. und 31. Dezember herkommen, wenn das dreitägige Festival *Rhythm & Vines* stattfindet.

East Cape und Hawke's Bay

Info

Lage: Das East Cape, auch als Eastland oder East Coast bezeichnet, ist eine etwa 8000 Quadratkilometer große, dünn besiedelte Region zwischen der Bay of Plenty im Westen und der Hawke's Bay im Süden. Zum Festland hin wird das East Cape von der Raukumara Range und dem Waldgebiet Te Urewera begrenzt. Die größte Siedlung im Eastland, wo auch die Mehrzahl der Einwohner (etwa 35.000) lebt, ist Gisborne. In der Umgebung der Stadt siedelten schon vor über 700 Jahren Maori, die auch heute noch den größten Teil der Bevölkerung ausmachen. Am Kaiti Beach in Gisborne betrat Captain James Cook zum ersten Mal neuseeländischen Boden.

Anfahrt: Der SH 35 führt als *Pacific Coast Highway* auf 320 Kilometern von Opotiki bis Gisborne hauptsächlich an der Küste um das East Cape herum. Eine direktere Route nimmt der SH 2 durch das Landesinnere (144 Kilometer). Das Inland des East Cape ist kaum erschlossen, die wichtigsten Orte liegen direkt am SH 35. Zum eigentlichen East Cape selbst muss von Te Araroa noch ein 20 Kilometer langer Abstecher zum Opotiki Hill gemacht werden (ausgeschildert).

Aktivitäten:

- Baden, angeln, Kajak fahren und surfen kann man an vielen Stränden und Buchten. Die schönsten liegen an der nordwestlichen Seite des East Cape (Te Kaha, Whanarua Bay, Maraehako Bay, Waihau Bay) und an der Ostseite, südlich von Tolaga Bay (Tokomaru Bay, Anaura Bay, Waihau Bay). An der nördlichsten Spitze liegt die wunderschöne Hicks Bay. In und um Gisborne laden mehrere Strände zum Surfen (lernen) ein: Waikanae Beach, Roberts Beach oder Sponge Bay.
- Die Industrieruinen von Tokomaru Bay (91 Kilometer nördlich von Gisborne) stehen direkt am Pier und am Rand der Waima Road, die dorthin führt.
- Mount Hikurangi liegt etwa 130 Straßenkilometer nördlich von Gisborne. Wer den Berg besteigen will, soll sich bei den Maori-Stämmen *Te Runanga* oder *Ngati Porou* melden, da der Weg über deren Privatland führt, das zeitweise geschlossen ist. Hinter dem Parkplatz ist die Weiterfahrt zum Gipfel im Rahmen einer geführten 4x4-Tour möglich (Kontakt über *Te Runanga* oder *Ngati Porou*). Der Aufstieg zu Fuß dauert etwa 7 Stunden.

East Cape und Hawke's Bay

34. Tarawera Hot Springs: Wellness à la Kiwi

In einer heißen Quelle baden, dabei die frische neuseeländische Luft auf der nassen Haut spüren und den Blick weit in die Ferne über die bewaldeten Hänge der wildreichen Kaweka Ranges schweifen lassen – das ist Neuseeland *off the beaten track*!

Ganz in der Nähe des SH 5, auf dem jeden Tag tausende Touristen zwischen Taupo und Napier hin und her fahren, versteckt sich eine typisch neuseeländische Attraktion, die außer einigen treuen einheimischen Badefreunden kaum Besucher sieht. Die Tarawera Hot Springs sind nur eine kleine natürliche heiße Quelle.

Die ihren großen, schicken Schwestern in Hanmer Springs oder Rotorua nicht annähernd den Rang ablaufen kann. Aber das muss sie auch gar nicht.

Tarawera Waipunga Falls

East Cape und Hawke's Bay

Nur zwei schlichte, schon ein wenig in die Jahre gekommene Zementbecken von der Größe kleiner Swimmingpools sind hier in den steilen Hang eines Hügels eingelassen, von dem man auf den tief im Tal dahinfließenden Waipunga River blickt. Aus einem einfachen Rohr schießt das sehr heiße Thermalwasser in die Becken, deren Temperatur sich dabei je nach Jahreszeit und Stärke der Regenfälle selbst auf ein annehmbares Badeklima reguliert. Waren lange keine Besucher hier, wachsen mitunter dicke Algenschichten auf der Wasseroberfläche, die dann von den Badegästen per Hand in den Überlauf entsorgt werden müssen.

Das hier ist kein Wellness-Tempel mit Spa-Anwendungen, das ist reines Naturvergnügen à la Kiwi und nichts für Weicheier! Immerhin gibt es in der Nähe der Tarawera Hot Springs ein Café mit Lizenz zum Alkoholausschank und eine Toilette.

Info

Lage: Die Tarawera Hot Springs liegen am SH 5 zwischen Taupo und Napier, etwa 65 Kilometer südöstlich von Taupo. GPS: -39.026311, 176.573369

Anfahrt: Etwa 65 Kilometer südöstlich von Taupo bzw. 80 Kilometer nordwestlich von Napier auf den Parkplatz des (ausgeschilderten) *Tarawera Café* einbiegen. Vom Parkplatz aus sind es einige Minuten zu Fuß auf einer Schotterstraße hinter der Toilette, vorbei an einer Hütte, in der einst der Hausmeister der heißen Quelle wohnte. Die Straße wird dann zum Pfad und führt gut sichtbar zu den Hot Springs.

Öffnungszeiten: immer; ein DOC-Schild sagt zwar, die Tarawera Hot Springs wären geschlossen, aber eine direkte Aussage vom DOC bestätigt, dass die Becken trotzdem benutzt werden dürfen.

Eintritt: nichts

Aktivitäten:
- 13 Kilometer nördlich der Tarawera Hot Springs hat man am Waipunga Falls Lookout (direkt am SH 5) einen tollen Blick auf den verzweigten, tief hinabstürzenden Wasserfall.
- Das *Tarawera Café* bietet Speisen, Kaffee und (alkoholische) Getränke für Durchreisende. Auf dem großen Parkplatz dürfen Campervans und Zelte kostenlos über Nacht stehen. Geöffnet täglich von 9 bis 16 Uhr, Kontakt: www.taraweracafe.co.nz

East Cape und Hawke's Bay

35. Eastwoodhill Arboretum: exotische Pflanzen aus Europa

Was bitte ist denn ein Arboretum? Wer das weitläufige Gelände im Hinterland von Gisborne betritt, der weiß es bald: Hier werden Bäume und Sträucher „gesammelt", um den Artenreichtum zu erhalten und zu dokumentieren. In Neuseelands National-Arboretum kommt man dieser Aufgabe vorbildlich nach.

Mehr als 131 Hektar des Hügellandes um Ngapata sind bedeckt mit 25.000 einheimischen und vor allem mit exotischen Bäumen und Sträuchern aus aller Welt. Es klingt schon ein wenig verrückt: Das größte und wichtigste Arboretum Neuseelands (ja, es gibt noch mehr davon!) gilt

East Cape und Hawke's Bay

als umfassendste Sammlung von Pflanzen der Nordhalbkugel, die man auf der Südhalbkugel finden kann.

Den Artenreichtum genießen auch die 40 Vogelarten, die sich von den Früchten der Bäume und den hier lebenden Insekten ernähren. Europäische Besucher werden erfreut (oder befremdet) sein, neben *Tui*, *Fantail* und *Pukeko* vertraute Amseln, Goldfinken und Stare zu sehen; auch Exoten wie der afghanische *Myna* fühlen sich auf dem Gelände des Arboretums wohl.

Farblich gekennzeichnete Wanderwege und Spazierpfade von verschiedenem Anspruch und Zeitaufwand führen kreuz und quer über das in mehrere botanische Zonen aufgeteilte Gelände und laden zu ausge-

Im Eastwoodhill Arboretum wachsen Bäume aus aller Welt

East Cape und Hawke's Bay

Australischer Eukalyptus ragt über dem Eingangsbereich des Arboretums auf

dehnten Entdeckungstouren ein. Vom Gipfel des Mount Arateitei blickt man weit über die je nach Jahreszeit bunt gefärbten Wipfel und das Hügelland, das Douglas Cook 1910 nach der englischen Heimat seiner Mutter auf den Namen *Eastwoodhill* getauft hat. Unermüdlich pflanzte der für sein Temperament, seine Liebe zu Pflanzen und seine Schrulligkeit bekannte Begründer des Arboretums hier über den Verlauf von mehr als

East Cape und Hawke's Bay

50 Jahren immer neue Baum-Arten aus aller Welt an, bis er sein gesamtes Vermögen für das Projekt ausgegeben hatte und 1967 nach einem Herzanfall starb.

Heute ist das *Eastwoodhill Arboretum* in den Händen einer Stiftung, die sich der Bildung und Erholung der Bevölkerung verschrieben hat. Nicht nur Familien genießen diesen „Spielplatz der Natur", aber auf sie wartet ein besonderes Schmankerl: Der renommierte neuseeländische Spielplatz-Designer *Play Central* hat hier 2015 den besten Spielplatz des Landes geschaffen, mit altersgerechten Spielbereichen für kleine und große Kinder und den größten Schaukeln in Neuseeland.

Damit die Kleinen auch beim Entdecken des Arboretums Freude haben, gibt es Schatzsuchen und Orientierungslauf-Angebote für jedes Alter. Viel Spaß!

Info

Lage: Das *Eastwoodhill Arboretum* liegt 35 Kilometer nordwestlich von Gisborne, 2392 Wharekopae Rd, GPS: -38.564165, 177.717837

Anfahrt: Von Gisborne in Richtung Napier starten, nach der Waipaoa Bridge im Kreisverkehr rechts abbiegen (nicht nach Napier) und auf Wharekopae Road fahren, am Hinweisschild zum *Eastwoodhill Arboretum* links abbiegen und noch etwa 23 Kilometer fahren.

Öffnungszeiten: täglich (außer 25.12.) von 9 bis 16:30 Uhr, im Winter und an Wochenenden von 9:30 bis 16 Uhr. Das Besucherzentrum und der Shop sind nur von Oktober bis Juni geöffnet. Im Winter ist das Betreten des Geländes über eine Kasse des Vertrauens möglich.

Eintritt: 15 NZD/Erwachsene, 2 NZD/Kinder ab 5 Jahre, 12 NZD/Senioren. Ab 50 NZD kann ein Jeep für Gruppen bis zu 12 Personen gemietet werden.

Unterkünfte:
- Direkt im Hauptgebäude des *Eastwoodhill Arboretum* gibt es Unterkünfte ab 25 NZD/Erwachsener. Zur Verfügung stehen Acht-Personen-Schlafsäle, Doppelzimmer und Studios mit Bad und Terrasse. Selbstversorger müssen Vorräte in Gisborne kaufen, vor Ort gibt es Snacks und Speisen über *Tasty Leaf Catering*. Kontakt: Tel.: +64 6-863 9003, E-Mail: enquiries@eastwoodhill.org.nz

East Cape und Hawke's Bay

36. Mahia Peninsula: ein Kiwi-Ferienparadies

Die unscheinbare Mahia Peninsula ist eine ganz besondere Halbinsel; dem wird jeder beistimmen, der sich die Zeit nimmt, den kleinen Landzipfel am nördlichen Ende der Hawke's Bay zu entdecken. Ihre zwei Seiten könnten gegensätzlicher nicht sein, und doch verbinden sie sich zu einem harmonischen Ganzen. Der vollständige Name von Mahia, *Te Mahia Mai Tawhiti*, bedeutet auf Maori so viel wie „ein Raunen von Heimat".

Das Wairoa Lighthouse stand früher auf Portland Island

East Cape und Hawke's Bay

Mahia Beach ist eingerahmt von hohen Sandsteinklippen

Ursprünglich eine richtige Insel, ist das Land durch angespülten Sand allmählich an das Festland herangewachsen. In der Wal-*Community* scheint dies noch nicht allgemein bekannt zu sein, denn immer wieder stranden die Meeressäuger hier. Für gute Nachrichten sorgte dagegen zwischen 2007 und 2009 der Delfin Moko, der immer wieder freiwillig mit Badenden Kontakt aufnahm und sogar eine Pottwal-Kuh und ihr Kalb „rettete".

Neuseeländer aus Gisborne und Napier wissen die Schönheit der Mahia Peninsula zu schätzen und kommen seit Jahrzehnten hierher zum Camping, viele Familien besitzen Ferienhäuser (*baches*) am Strand. Der Immobilienhype hat allerdings auch von Mahia Besitz ergriffen, und seit sogar der *Lonely Planet* die Halbinsel als „Kreuzung aus Santorini und den Klippen von Dover" lobpreist, dürften die Tage der Abgeschiedenheit gezählt sein.

Vor allem in den Sommerferien besteht gefühlt die ganze Mahia Peninsula nur aus Badegästen, die hier schwimmen, tauchen und angeln. Das kann man je nach Geschmack am geschützten, ruhigen, weißsandigen Mahia Beach tun, von wo der Blick an klaren Tagen bis nach Napier reicht; oder man fährt die wenigen Kilometer zum breiten, schwarzsandigen Black's Beach und genießt dort das Ende-der-Welt-Gefühl, das man sonst nur an der Westküste der Nordinsel bekommt.

East Cape und Hawke's Bay

Besonders bei Sonnenuntergang ist Mahia Beach, der nach Westen schaut, wunderschön. Am südlichen Ende des Strandes ragt der fotogene Mokotahi-Felsen auf, der über einen schmalen Pfad zu besteigen ist – auch von hier oben ist die Sicht superb.

Hinter dem Strand und dem in den Dünen liegenden Campingplatz führt die geschotterte Kinikini Road etwa sieben Kilometer zu einem Rundweg. Dieser vier Kilometer lange und überraschend anspruchsvolle Mahia Peninsula Scenic Reserve Track verläuft an einem Bachbett entlang durch dichten, ursprünglichen Wald zu einem Aussichtspunkt auf die Wairoa-Küste und bietet eine nette Abwechslung vom ewigen Sonnenbaden.

Die schönste Seite der Mahia Peninsula ist aber sicherlich ihre östliche. Die Stichstraße, die hier an der Küste entlangführt, berührt kalkweiße, an Südengland erinnernde Steilküsten, enge Kalksteinhöhlen, versteckte Strände und kleine Pools in den Klippen. Das alles ist so *scenic* und fotogen, dass man spätestens jetzt dem Charme der Mahia Peninsula verfallen und nie mehr wegwollen wird.

Sanfte Hügel, steile Klippen, weite Blicke – das ist Mahia

East Cape und Hawke's Bay

Info

Lage: Die Mahia Peninsula liegt zwischen Napier und Gisborne, etwa eine Stunde Fahrt von Gisborne entfernt. Sie trennt das East Cape von der Hawke's Bay.

Anfahrt: Von Napier oder Gisborne auf SH 2 fahren, in Nuhaka im Kreisverkehr auf Nuhaka Opoutama Road abbiegen (von Napier geradeaus weiter, von Gisborne links), nach 11 Kilometern rechts abbiegen auf Ormond Drive, nach 4,5 Kilometern geradeaus weiter auf Mahia East Coast Road bis Mahia an der Ostküste fahren oder rechts abbiegen auf Newcastle Street, um zum Mahia Beach zu gelangen.

Öffnungszeiten: immer

Aktivitäten:

- Jeden Sonntag von 9 bis 11 Uhr finden die *Mahia Seaside Markets* unter freiem Himmel, direkt an der Küste von Mahia statt (bei Regen weicht man in die Motokahi Hall aus).
- Der 3,5 Kilometer lange Rundweg Mahia Peninsula Scenic Walk beginnt 7 Kilometer südlich des Mahia Beach, am Ende der Kinikini Road, Laufzeit etwa 2,5 Stunden.
- Bevor man vom SH 2 auf die Mahia Peninsula einbiegt, sollte man 9 Kilometer nördlich von Nuhaka einen Stopp bei den Morere Hot Springs einlegen. Die einfachen Becken liegen direkt im Wald, geöffnet täglich je nach Jahreszeit von 10 bis 20/21 Uhr, Eintritt 14 NZD/Erwachsene für die öffentlichen Pools, 18 NZD/Erwachsene für 30 Minuten im Privatbecken
- In Nuhaka kann der mit reichem Schnitzwerk verzierte *Marae* der *Kahungunu Community* bewundert werden.

Unterkünfte:

- *Mahia Beach Holiday Park*, direkt am Strand mit vielen Pohutukawa-Bäumen und abgetrenntem Zeltplatz, 130 Stellplätze ab 20 NZD/Erwachsener, *Cabins* und *Motel Units*, ab Juni 2016 renoviert, 43 Moana Drive, Mahia Beach, Kontakt: Tel. +64-6 837 5830, Web: www.mahiaholidaypark.nz
- *Okepuha Station*, rustikaler, familienfreundlicher Farmstay an der Ostküste der Halbinsel, Gäste können mithelfen; Haupthaus mit vier Schlafzimmern für bis zu 9 Personen, Zeltplätze in den Schafscherer-Quartieren, ab 150 NZD/Nacht; 1782 Mahia East Coast Road, Kontakt: Tel.: +64-27 390 0483, Buchung über Web: www.bookabach.co.nz/baches-and-holiday-homes/view/28964

37. Rere Falls and Rockslide: echter Kiwi-Freizeitspaß

Die Felsenrutsche der Rere Falls gehört zu den *101 Must-do places for Kiwis* des neuseeländischen Automobilclubs NZAA, und auch ausländische Touristen sieht man hier zunehmend. Wer den Weg auf sich und seinen Mut zusammennimmt, auf den wartet eine echt neuseeländische Adrenalin-Tour – und das komplett kostenlos.

Etwa 50 Kilometer von Gisborne entfernt liegt das Örtchen Rere, eine kleine Gemeinde am Ufer des Wharekopae River, der in der Huiarau Range entspringt und in die Hawke's Bay mündet. Auf der Höhe von Rere führt der Fluss schon genug Wasser, um die etwa fünf Meter hohen und 20 Meter breiten Rere Falls zu einem beachtlichen Anblick zu machen. Im Sommer ist die Badestelle am Fuße des Wasserfalls bei Einheimischen sehr beliebt; nicht nur, weil man direkt neben, unter und hinter dem Wasserfall baden kann.

Die eigentliche Attraktion wartet etwa zehn Kilometer weiter flussabwärts: Hier ist das Flussbett des Wharekopae River so flach, dass der

Rere Falls

East Cape und Hawke's Bay

felsige Untergrund mit seinen abgerundeten Steinen eine natürliche Rutschbahn bildet. Die 30°-Neigung bringt genauso viel Geschwindigkeit, dass die Abfahrt ein echter Nervenkitzel wird. Am besten geht es unter Zuhilfenahme eines *boogie boards*, eines großen Schwimmreifens oder einer Luftmatratze.

Die etwa 60 Meter lange Sause endet (relativ) sicher und spritzig in einem Felsenpool.

„Don't try this at home!"

Info

Lage: Rere liegt 46 Kilometer bzw. 45 Minuten nordwestlich von Gisborne. Die Rockslide findet man etwa 10 Kilometer westlich von Rere an der Wharekopae Road; GPS: -38.5347, 177.6036

Anfahrt: Von Gisborne auf dem SH 35 nach Westen fahren, rechts auf Wharekopae Road einbiegen und etwa 30 Minuten bis zum Parkplatz Rere Falls fahren. Zu den Rere Falls am *carpark* vorbeifahren bis zum Parkplatz Rere Falls. Von hier sind es fünf Minuten zu Fuß bis zum Endpunkt der Felsenrutsche (wer rutscht, ist natürlich schneller!).

Eintritt: nichts

Aktivitäten: Die Wiese an den Rere Falls bildet einen wunderschönen Picknickspot, der an Wochenenden von zahlreichen Kiwis aus Gisborne und dem Umland besucht wird. Sowohl an den Rere Falls als auch an der Felsenrutsche gibt es genug Parkmöglichkeiten mit Toiletten.

Öffnungszeiten: immer, am besten natürlich im Sommer

Unterkünfte:
- *Waikanae Beach Top Ten Holiday Park* in Gisborne: komfortabel ausgestatteter Platz direkt am Strand mit Stellplätzen für Campervans (20 bis 22 NZD/Erwachsener), Strandhütten (*beach baches*) und *Cabins*. 280 Grey Street, Gisborne, Kontakt: Tel.: +64-6867 5634, E-Mail: info@waikanaebeachtop10.co.nz, Web: www.gisborneholidaypark.co.nz

East Cape und Hawke's Bay

38. Lake Waikareiti: ein See mit Geheimnis

Tief in den Wäldern des Te Urewera, der große Teile des Eastland bedeckt und kaum von Touristen besucht wird, verbirgt sich ein glitzerndes Geheimnis. Nicht weit entfernt vom 54 Quadratkilometer großen Lake Waikaremoana liegt der kleinere Lake Waikareiti – und in dessen Mitte das Inselchen Rahui, in deren Mitte wiederum ein weiterer stiller See liegt.

Es ist schon eine zeitraubende Entscheidung, überhaupt die Fahrt nach Te Urewera anzutreten, obwohl dieses über 2000 Quadratkilometer große Regenwaldgebiet doch gar nicht weit entfernt von Touristenzentren wie Rotorua oder der Bay of Plenty liegt. Die Region ist so abgelegen, dass auch die britischen Siedler nicht hierhin vordrangen und die dort lebenden Maori vom Stamm der *Tuhoe* (die „Kinder des Nebels") weitgehend in Ruhe ließen.

Wo sich vor 130 Jahren der Freiheitskämpfer (wahlweise Rebell – siehe Seite 120) Te Kooti versteckte, herrscht bei den Einwohnern auch heute noch ein starker Sinn für Unabhängigkeit – und Te Urewera rückt hin

Lake Waikaremoana und Lake Waikareiti liegen dich beieinander

East Cape und Hawke's Bay

Im Te Urewera unterwegs auf dem Wasserweg

und wieder in die Schlagzeilen der neuseeländischen Medien, weil sich Waffenliebhaber und gesuchte Verbrecher in den undurchdringlichen Wäldern und abgeschiedenen Ortschaften verbergen. Erst seit 1930 führt eine öffentliche Straße durch Te Urewera, und bis heute leben hier kaum Menschen.

Klingt gruselig? Lachen muss man bestimmt wieder, wenn man sich *Te Urewera* aus der Maori-Sprache übersetzen lässt. Der Name bedeutet nämlich „verbrannter Penis" und bezieht sich auf eine Legende, nach der ein Häuptling im Schlaf zu nah an ein Lagerfeuer heranrollte.

Wer den Lake Waikaremoana Great Walk schon gelaufen ist oder die anspruchsvolle Drei-bis-Vier-Tages-Wanderung nicht laufen will, der kann alternativ den leichten, etwa zweistündigen Weg zum Lake Waikareiti antreten. Dieser liegt auf 800 Meter Höhe und damit deutlich höher als sein großer, nur vier Kilometer südwestlich liegender Bruder, der Lake Waikaremoana. Der Aniwaniwa Stream, der beide Seen verbindet, fließt demzufolge mit ordentlichem Gefälle und belohnt Wanderer mit einigen schönen Wasserfällen.

East Cape und Hawke's Bay

In den dichten Kronen der Rimu-Bäume hört man das Kreischen der *Kaka*-Papageien und der kleineren *Kakariki*, wenn man den recht steilen Weg durch den *fairy forest* aus flechtenbehangenen Silberbuchen zum Ufer des Lake Waikareiti erklimmt. Von hier aus kann man drei weitere Stunden zum Nordende des Sees laufen, wo die Sandy Bay Hut zum Übernachten einlädt – und zu einem verdienten Bad am sandigen, flachen Seeufer.

Auf dem Weg zum Lake Waikareiti passiert man die Mokau Falls

Will man lieber seine Armkraft trainieren, mietet man am denkmalgeschützten Aniwaniwa-Besucherzentrum (dessen Tage leider gezählt sind – es soll demnächst abgerissen und neu errichtet werden) ein Ruderboot, fährt auf den See hinaus und genießt komplette Ruhe – auf dem zweitgrößten See des Te Urewera sind keine Motorboote erlaubt.

Im klaren Wasser des Lake Waikareiti kann man zwischen den sechs kleinen Inselchen auf Entdeckungsfahrt gehen. Rahui Island, die den mystischen See-im-See verbirgt, ist als einzige der Inseln über einen Bootssteg und eine kleine Aussichtsplattform zugänglich.

Info
Lage: Lake Waikareiti liegt 4 Kilometer nordöstlich vom Lake Waikaremoana im Te Urewera. Die nächste Stadt ist Wairoa, 57 Kilometer entfernt.

Anfahrt: Zum Lake Waikareiti führen keine öffentlichen Straßen. Von Rotorua sind es 163 Kilometer bzw. etwa drei Stunden auf dem SH 38 (*Te Urewera Rainforest Route*) bis Onepoto, größtenteils geschottert! Von Onepoto fährt man auf der Lake Road am Ufer des Lake Waikaremoana etwa 10 Kilometer nach Nordosten und biegt dann am Visitor Centre rechts auf die Aniwaniwa Road ein. Hier befindet sich der Startpunkt des Lake Waikereiti Walk.

Eintritt: Der Zutritt zum Te Urewera ist nach wie vor für Besucher frei, auch wenn der Status des Nationalparks aufgehoben wurde. Die Inseln im Lake Waikareiti dürfen mit Ausnahme von Rahui Island nicht betreten werden. Momentan stehen sie nicht unter Naturschutz und sind auch nicht schädlingsfrei, ihr Zustand wird vom DOC beobachtet.

Aktivitäten: Das architektonische Meisterwerk des *Aniwaniwa Visitor Centre* ist 2016 leider abgerissen worden; das neue *Te Urewera Visitor Centre*, in dem auch Boote für den Lake Waikareiti verliehen werden, öffnet täglich (außer am 25.12.) von 8 bis 16:15 Uhr.

Unterkünfte:
- *Waikaremoana Holiday Park*, vom DOC verwalteter Campingplatz am Ufer des Lake Waikaremoana und nahe dem *Aniwaniwa Visitor Centre*, mit 60 Stellplätzen (ab 18 NZD/Erwachsene), *Cabins* und Chalets, Tankstelle und Supermarkt, Tel.: +64-6 837 3826

Advertorial

Baumgiganten im Te Urewera Regenwald

Te Urewera

Maori-Erlebnis im mystischen Regenwald

Te Urewera ist der größte Nationalpark auf der Nordinsel Neuseelands. Er befindet sich in einer der abgelegensten und am dünnsten besiedelten Regionen des Landes, zwischen der Bay of Plenty und Hawke's Bay. Auf einer Fläche von über 2.000 Quadratkilometern bietet der Nationalpark eine landschaftliche Vielfalt von Bergen, Seen, Flüssen, Wasserfällen und üppigem Regenwald. Die abwechslungsreiche Vegetation spendet Lebensraum für fast alle einheimischen Vogelarten Neuseelands. Darunter auch sehr seltene, die in anderen Regionen des Landes stark gefährdet oder sogar bereits ausgestorben sind.

Der Te Urewera Nationalpark ist außerdem *Heimat der Tuhoe Maori* („Kinder des Nebels"), einer der größten Maori-Stämme Neuseelands. Für sie hat der Wald eine sehr spirituelle Bedeutung, da in ihrer Tradition alles mit der Natur verbunden ist. Ihnen ist deshalb viel am Erhalt ihrer natürlichen Umgebung gelegen.

Advertorial

Eine ganz besondere Art den *Te Urewera Regenwald* zu erkunden und gleichzeitig etwas für seinen Erhalt zu tun, ist der Te Urewera Tree Planting Trek. Dieser wurde vom Reiseveranstalter TravelEssence und den lokalen Maori bereits 2008 ins Leben gerufen. Die Initiative repräsentiert das Engagement und die Vision von TravelEssence, dass intelligenter Tourismus auch einen nachhaltigen und positiven Einfluss auf Umwelt und Gesellschaft ausüben kann. Das Ziel: die Wiederherstellung des Nationalparks und Aufforstung des Regenwaldes, welcher im letzten Jahrhundert für agrarwirtschaftliche Zwecke gerodet wurde.

Der größte Nationalpark der Nordinsel

Reisende spenden nicht einfach nur für das Projekt, sie verbringen selbst einen Tag in der Maori-Gemeinde und pflanzen während einer Wanderung durch den Regenwald „ihre" eigenen Bäume, die bis zu 1000 Jahre alt werden und lauschen dabei Geschichten und Legenden. In nur drei Jahren konnten in der Vergangenheit so bereits über 4.000 Bäume angepflanzt werden.

Authentische Reisen abseits der Massen

Sie möchten nach Neuseeland reisen und dabei wirklich Land und Leute kennenlernen? Einen entspannten Urlaub verbringen und mit besonderen Erfahrungen und Erlebnissen zurückkehren? Die Mitarbeiter von TravelEssence kennen Neuseeland wie ihre Westentasche. Jedes Jahr verbringen sie mehrere Monate „Down Under", um besondere Unterkünfte und Aktivitäten fernab des Massentourismus zu finden: Ferienhäuser mit Charakter, stilvolle Lodges, gemütliche Bed & Breakfasts, Safarizelte mitten in der Natur und authentische Aktivitäten mit den Maori in atemberaubender Landschaft. So können Sie die typische Gastfreundschaft genießen und erhalten von Einheimischen Insidertipps. Mit TravelEssence lernen Sie Down Under auf die persönliche Art kennen.

Kontakt

TravelEssence
Barmer Straße 30
40545 Düsseldorf
+49 (0) 211 9559 2100
info@travelessence.de
www.travelessence.de

Waikato und Taranaki

39. Wairere Falls: großes Getöse bei Matamata
40. Mangapohue Cave Walk: klein, aber fein
41. Ruakuri Tunnels: geheimnisvolles Höhlenlabyrinth
42. Kawhia: heißer Sand und lange Geschichte
43. Von Raglan nach Ruapuke Beach: Neuseelands schönster Roadtrip
44. Tongaporutu Beach: Küste, wechsle dich!
45. Forgotten World Highway: Fahrt durchs Nirgendwo

Die wilden schwarzen Strände der Taranaki Coast laden zum Surfen ein

Waikato und Taranaki

39. Wairere Falls: großes Getöse bei Matamata

Matamata ist seit dem Dreh des „Hobbit"-Epos ins Zentrum jeder Neuseeland-Reise gerückt; das Filmset des Hobbit-Dorfs *Hobbingen* ist zu Recht eine Attraktion. Kaum ein Besucher bleibt jedoch länger in Matamata. Das ist schade, denn hier wartet – unter anderem – der höchste Wasserfall der gesamten Nordinsel.

Hobbingen zieht tausende Besucher an ...

Schon von weitem sieht man das dünne, unglaublich hohe Band des Wasserfalls, der sich in einer zweistöckigen Kaskade von einem bewaldeten Berghang der Kaimai Range ergießt. Am schönsten sieht es im Frühling aus, wenn orangefarbene *Taurepo*-Blüten die Felswände des tief eingeschnittenen Tals mit Farbtupfern überziehen.

Bis zur Aussichtsplattform am Fuß der Wairere Falls braucht man etwa 1,5 Stunden – und Geduld, denn der Wasserfall ist während der gesamten Zeit nicht zu sehen. Der Weg führt stetig bergauf über Wurzeln und moosbedeckte Steine, unter *Nikau*-Palmen und *Puriri*-Bäumen hindurch, ist aber gut zu laufen und nicht allzu herausfordernd. Schwieriger wird es gegen Ende: Stufe um Stufe muss erklommen werden und zum Schluss geht es sogar auf eine gewendelte Leiter, um den Anfang der Schlucht zu erreichen. Wie anstrengend muss der Aufstieg für die Maori und die ersten europäischen Siedler gewesen sein, die diesen Handelsweg über die Kaimai Range nutzten!

Unterwegs gibt es immerhin Abwechslung: Auf kleinen Holzbrücken geht es mehrmals über einen Bachlauf, wobei sich bereits kleinere Wasserfälle bewundern und zum Kühlen der Füße benutzen lassen – Ankündigungen für das große Finale.

Die Sicht von der Aussichtsplattform ist spektakulär – endlich erblickt man die Wassermassen, die aus 153 Metern Höhe donnernd herabfal-

Waikato und Taranaki

... nur wenige kennen die Wairere Falls

len und zwischen moosbedeckten Felsbrocken und Farnen davongluckern. Die zwei scharfen Absätze aus vulkanischem Fels, von denen sich die Wairere Falls ergießen, sind Teil des Okauia-Grabenbruchs, der nach einem Erdbeben entstand und die Kaimai Range von den Hauraki Plains trennte. Die Hauraki-Ebene sinkt jedes Jahr um etwa zwei Millimeter ab, der Wasserfall wird also immer höher!

Wer noch nicht genug hat, der kann von hier aus weiterlaufen, oder vielmehr steigen: Nach etwa 45 Minuten über gefühlt hunderte und tausende Treppenstufen erreicht man einen weiteren Aussichtspunkt am oberen Ende des Wasserfalls. Wenn überhaupt möglich, ist der Blick von hier oben noch spektakulärer. Das Panorama über das Tal und die grünen Ebenen des Waikato-Distrikts dahinter ist eine bleibende Erinnerung. Bei klarem Wetter kann man in der anderen Richtung bis nach Coromandel und Rangitoto Island schauen.

Von ganz oben erstreckt sich der Blick weit über die Hauraki Plains

Bei starken Westwinden wird der Anblick des Wasserfalls noch spektakulärer, allerdings eher von unten: Der Wind zieht dann aus dem frei herabfallenden Wasserstrom bis zu 50 Meter lange Gischtfahnen heraus – ein feuchtes Vergnügen und ein nicht unerhebliches Risiko für alle, die dann gerade hinaufsteigen.

Im Sommer lädt der Flusslauf oberhalb der Fälle mit vielen Badestellen zum Weiterwandern ein – so wird aus dem kurzen Abstecher locker ein ganzer Tagesausflug.

Info

Lage: Die Wairere Falls liegen in Matamata, etwa 160 Kilometer südlich von Auckland oder 47 Kilometer westlich von Tauranga in der Bay of Plenty. Vom Ortszentrum sind es ca. 15 Kilometer in nordöstlicher Richtung.

Anfahrt: Aus dem Ortzentrum von Matamata auf SH 24 nach Süden fahren und den ersten Abzweig links auf die Tower Road nehmen, nach etwa 4 Kilometern rechts auf Okauia Springs Road einbiegen und nach 6 Kilometern links auf Old Te Aroha Road abbiegen. Die Wairere Falls sind von der Te Aroha–Okauia Road aus gut sichtbar. Am Abzweig Goodwin Road, der zum Parkplatz führt, ist ein deutlicher Wegweiser zu sehen.

Öffnungszeiten: immer

Eintritt: nichts

Aktivitäten: Der Weg ist insgesamt 5 Kilometer lang. Für die gesamte Wanderung vom Parkplatz bis zum oberen Ende des Wasserfalls sollte man 4 Stunden oder besser einen ganzen Tag einplanen. Wenn es dunkel wird, kann die Orientierung besonders im oberen Teil des Tracks im dichten Wald schwierig werden, also genug Zeit für den Rückweg einplanen und vor allem nachmittags nicht ohne Proviant und warme Kleidung losgehen! Bei schönem Wetter und an Wochenenden sind teilweise sehr viele Besucher hier. Wo Familien mit Kindern auf Jogger und Freizeitsportler treffen, kann es vor allem auf den Treppen eng werden. Der Parkplatz bietet ebenfalls kaum genug Platz an lebhaften Tagen. Es gibt, für Neuseeland recht untypisch, auch keinen Picknickplatz und nur eine kleine Toilette. Auf der anderen Seite des Ortes Matamata liegt das weltberühmte *Hobbiton Movie Set*, etwa 30 Fahrminuten entfernt. Ein Besuch wird wärmstens empfohlen!

40. Mangapohue Cave Walk: klein, aber fein

Nur wenige Minuten Fahrt von einem der größten touristischen Highlights der Region Waikato – *den Waitomo Glow-worm Caves* – wartet ein abgeschiedenes Idyll, das paradiesischer nicht sein könnte. Der kurze Rundweg durch das Mangapohue Scenic Reserve ist ein idealer Abstecher auf einem Tagestrip durch das urtümliche *King Country*.

Der südliche Teil von Waikato, das *King Country*, blickt auf eine bewegte Geschichte zurück. Hier hatten die bedrängten Maori in den 1850er-Jahren einen „Staat im Staat" geschaffen, den kein europäischstämmiger Neuseeländer betreten durfte. Auch heute noch ist die Gegend beeindruckend wenig entwickelt und erscheint „aus der Zeit gefallen". Nicht umsonst fand Star-Regisseur Peter Jackson hier mehrere Drehorte für seine Mittelerde-Filme.

Eindrucksvolle Kalksteinfelsen, durchzogen von Schluchten und Höhlen, ragen überall aus dem dichten Wald, der immer wieder unterbrochen wird von den typischen sanften, grünen Hügeln und kleinen Bächen. Ganz im Westen wartet eine der abgeschiedensten Küsten-

Dichter Urwald öffnet sich auf eine weite, stille Weidelandschaft

Der Felsenbogen der *Natural Bridge*

Waikato und Taranaki

Die Marokopa Falls sind einen kurzen Abstecher vom Highway wert

regionen Neuseelands, die allenfalls ein paar Surfer auf der Suche nach der perfekten Welle anzieht.

Wer ein wenig Zeit und Abenteuerlust mitbringt, um von den Highways abzubiegen, die von Auckland oder Rotorua zu Attraktionen wie den *Waitomo Glow-worm Caves* führen, der entdeckt das „echte Neuseeland", so wie es vielleicht schon vor hunderten von Jahren ausgesehen hat. Hier gibt es keine Tankstellen, kaum Supermärkte und nur wenige kleine Siedlungen – dafür Natur pur.

Rund um Waitomo wartet eine Vielzahl von kurzen, aber wunderschönen *walks* und Picknick-Gelegenheiten. Am besten erkundet man sie auf einer Fahrt von Waitomo an die Westküste. Auf den 46 Kilometern bis zum kleinen Küstenörtchen Marokopa und dem dahinter liegenden Kiritehere Beach kommt man unter anderem am Mangapohue Scenic Reserve vorbei.

Das Highlight des Mangapohue Cave Walk ist unbestritten die 17 Meter hohe natürliche Felsenbrücke, die den Weg durch eine langgezogene, eingestürzte Höhle entlang des Mangapohue Stream überspannt. Ein hölzerner Bohlenweg führt unter dem Felsen hindurch und zu einer Plattform, von der aus man die Stalagtiten an der ehemaligen Höhlendecke genau anschauen kann.

Wer weitergehen will – und das ist sehr zu empfehlen! –, dem öffnet sich nach Ersteigen einiger Treppenstufen der Blick auf ein wahrhaft idyllisches Fleckchen Erde: Sanftes, grünes Weideland, übersät mit schwarzen Basaltbrocken, zieht sich an den von Riesenfarnen bestandenen Ufern des Mangapohue Stream entlang, hin und wieder „mäht" ein Schaf.

Ein Stück hügelaufwärts entdeckt man in den Kalksteinfelsen die fossilen Überreste von Austern, angeblich 25 Millionen Jahre alt. Über einen Weidezaun führt der Rundweg zurück zum Parkplatz.

Info

Lage: Das Mangapohue Scenic Reserve liegt etwa 40 Kilometer südwestlich von Otorohanga.

Anfahrt: Von Waitomo Village etwa 30 Minuten auf der Te Anga Road nach Westen fahren, der Parkplatz kommt nach 24 Kilometern. Weitere 26 Kilometer nach Westen führen über Te Anga nach Marokopa und Kiritehere.

Öffnungszeiten: immer

Eintritt: nichts

Aktivitäten: Die ersten 700 Meter des Weges sind sehr gut ausgebaut und Buggy-tauglich. Der zweite Teil des Rundwegs führt in etwa 20 Minuten einige Stufen hinauf, dann über Wiesen und am Ende über einen Weidezaun, ist also ein klein wenig herausfordernder.

Der Mangapohue Cave Walk ist so kurz, dass genug Zeit für weitere Abstecher auf dem Weg von Waitomo nach Marokopa bleibt. Empfehlenswert sind vor allem der 300 Meter lange Piripiri Cave Walk und der ebenso kurze Marokopa Falls Walk.

Achtung: Westlich von Waitomo gibt es keine Tankstellen, Supermärkte oder Restaurants mehr, für den Ausflug sollte man also volltanken und sich mit Lebensmitteln versorgen.

Unterkünfte:
- *Marokopa Motor Camp* mit kleinem Shop, Campervan-Stellplätzen (36 NZD/2 Erwachsene) und *Cabins* für Backpacker, 1 Ruaparaha Street, Marokopa, Tel.: +64-7876 7444 (keine Funknetz-Abdeckung!), E-Mail: marokopacampground@xtra.co.nz, Web: www.marokopa.co.nz

41. Ruakuri Tunnels: geheimnisvolles Höhlenlabyrinth

Das Ruakuri Scenic Reserve soll große kulturelle und spirituelle Bedeutung für die Maori haben. Wandert man auf den gewundenen Pfaden hindurch zwischen knorrigen Bäumen und bizarren Felsen, unter Überhängen und durch finstere Tunnel, kann man das unmittelbar nachvollziehen. Die Ruakuri Tunnels sind ein echter und äußerst geheimnisvoller Geheimtipp!

Für die einen ist es eine nette, kurze Wanderung, für die anderen Waitomos spannendste unkommerzialisierte Attraktion: Durch das Ruakuri

Waikato und Taranaki

Scenic Reserve, ein eingestürztes Höhlensystem in einem naturbelassenen Regenwaldgebiet, winden sich zahlreiche schmale Pfade, auf denen man endlos lange und ohne vorgegebene Richtung wie in einem Labyrinth die Schönheiten dieser Gegend entdecken kann.

Und deren gibt es zahlreiche: kleine Höhlen mit urzeitlichen Bewohnern, Grotten und Felsentunnel, kleine Zuflüsse des Waitomo Stream und Wasserfälle, alles verbunden durch vorbildlich angelegte Wege, Brücken, Bohlenwege und Treppen, dazwischen immer wieder Aussichtsplattformen für den perfekten Fotostopp. Wer genau hinhört, der erkennt die Rufe von *Tui* und *Kereru* im Wald, oder man lässt sich von einem der winzigen flatternden *Fantails* in die Irre führen.

Leuchtendes Geheimnis in den Ruakuri Tunnels

Waikato und Taranaki

Per Rollstuhl in den Tunnel

In die größte Höhle, die Ruakuri Cave, steigt man auf einer spiralförmigen (rollstuhltauglichen!) Treppe hinunter, vorbei an Felswänden, die wie sanft fließende Stoffe und glitzernde Vorhänge wirken. Gedämpft ist das Donnern unterirdischer Wasserfälle zu hören, Stalagmiten und Stalaktiten wachsen seit Jahrhunderten in der Dunkelheit aufeinander zu.

Wer abends hierher kommt, kann das wunderschöne Funkeln der *glowworms* bewundern, die im Eingangsbereich der Höhle und an der Hängebrücke am Anfang des Weges auf Beute warten. Auf Tagesbesucher wartet eine andere Attraktion der neuseeländischen Tierwelt: Mit einer Taschenlampe ausgerüstet, kann man auf den Unterseiten der Bohlenwege und -plattformen nach *cave wetas* suchen.

In den Ruakuri Tunnels kann man sich nach Herzenslust verirren. Keine Sorge: Jeder Weg führt früher oder später zurück zum Besucherparkplatz. Wer noch etwas mehr Abenteuer möchte, der kann vom festen Weg ab in den steinigen Bachlauf des Waitomo Stream hinabsteigen und ein Stück in den gewundenen Tunnel hineinlaufen.

Auf dem Waitomo Stream finden auch zahlreiche Spaß-Aktivitäten statt – es ist also nicht ungewöhnlich, wenn man beim Bewundern der Höhle plötzlich tropfnasse, lachende junge Menschen in Neoprenanzügen auf großen Schwimmreifen vorbeipaddeln sieht.

Der Waitomo Stream

Waikato und Taranaki

Ins Wasser tauchen auch viele andere Besucher der Höhle ihre Hände, aber aus einem anderen Grund: Da das Gebiet um die Ruakuri Cave den Maori heilig ist und neben dem Eingang eine alte Begräbnisstätte liegt, muss man das *tapu* nach seinem Besuch hier wieder abwaschen.

Info

Lage: Die Ruakuri Tunnels sind ein Teil des vom DOC verwalteten Ruakuri Scenic Reserve. Der Parkplatz liegt etwa 3 Kilometer südwestlich von Waitomo Village (iSite). GPS: -38.265220,175.079406

Anfahrt: Aus Waitomo Village in Richtung Westen hinausfahren, am Kreisverkehr nach links auf Tumutumu Road abbiegen, der Parkplatz liegt kurz vor dem Abzweig der Ruakuri Road (gut ausgeschildert, nicht zu verfehlen).

Öffnungszeiten: immer

Eintritt: nichts

Aktivitäten: Neben dem Parkplatz stehen Picknicktische, Gas-BBQs mit Münzeinwurf, ein kleiner Unterstand und Toiletten zur Verfügung.

Achtung: Es gibt hier zwei Höhlen, von denen nur die Ruakuri Cave kostenlos und einfach zugänglich ist. Die Aranui Cave am Anfang des Ruakuri Walk wird nur von geführten Reisegruppen betreten.

Der Rundweg, der durch die Tunnel führt, ist gleichzeitig das letzte Stück des 5 Kilometer langen Waitomo Walkway, der am anderen Ende des Parkplatzes beginnt und vornehmlich über Weideland nach Waitomo Village (Endpunkt am *Visitor Centre*) führt, vorbei an einer *Glow-worm*-Höhle.

Auch für die Ruakuri Cave kann man eine geführte Tour buchen: Neuseelands längste Höhlentour startet 7 mal täglich (außer am 25.12.) zwischen 9 und 15:30 Uhr und dauert etwa 2 Stunden. Preis: 74 NZD/Erwachsene ab 15 Jahren, 29 NZD/Kinder ab 4 Jahren, Familienticket 180 NZD, Kontakt: Tel. +64-7 878 6219, Web: www.waitomo.com/ruakuri-cave

Unterkünfte:
- *Woodlyn Park*, das „Hobbit-Hotel", bietet zehn verrückte Unterkünfte im Motel-Stil von der Hobbit-Höhle bis zum Flugzeug, 1177 Waitomo Valley Road, Otorohanga, Tel.: +64-7 878 6666, Web: www.woodlynpark.co.nz

42. Kawhia: heißer Sand und eine lange Geschichte

Während der Hot Water Beach in Hahei auf der Coromandel Peninsula von Touristen regelrecht belagert wird, ist der gleichnamige Strand im Örtchen Kawhia, auf der anderen Seite der Nordinsel, ein wohlgehütetes Geheimnis. Mit etwas Glück genießt man das heiße Bad hier ganz allein.

Die natürlichen heißen Quellen von Kawhia liegen unter dem schwarzen Sand des hunderte Meter langen, einsamen Ocean Beach und geben ihr heißes, schweflig riechendes Wasser nur frei, wenn man an den richtigen Stellen gräbt.

Waikato und Taranaki

Den Strand mit den *Te Puia Springs* (so werden die heißen Quellen von den meisten Anwohnern genannt) erreicht man entweder auf einem Spaziergang vom südlich des Örtchens gelegenen Karewa Beach, oder man fährt auf den Parkplatz am Ende der Te Puia Springs Road und klettert dort über die Dünen direkt zum Strand hinunter. Ein heißes Bad zu jeder Jahreszeit genießt man nur in den zwei bis drei Stunden um den Tiefpunkt der Ebbe. Dann heißt es barfuß vorsichtig im Sand fühlen und dort, wo die Zehen Wärme spüren, mit einer Schaufel graben. Ein gutes Indiz ist plötzlicher Gestank nach faulen Eiern – bei Windstille kann man die aufsteigenden Dämpfe sogar sehen.

Eine herrliche Wellness-Kombination ist ein Bad im kalten Pazifik mit anschließendem Aufwärmen im frisch gegrabenen *hot pool*. Wer aller-

Dicht unter dem schwarzen Sand des Ocean Beach verbirgt sich ein heißes Geheimnis

dings zu tief gräbt, der verbrennt sich schon mal den Po. Das Wasser erreicht bis zu 50° Celsius.

Übrigens: Der schwarze Sand sieht nicht nur toll aus. Die Meeresströmung spült Körnchen für Körnchen von den untermeerischen Lavaströmen vergangener Vulkan-Eruptionen an die Westküste der Nordinsel. Je näher man der Taranaki-Halbinsel kommt, desto schwärzer werden die Strände. Wer beim Strandspaziergang einen Magneten dabei hat, dürfte überrascht sein!

Das friedliche Städtchen, das am geschützten Hafenbecken hinter diesem abgeschiedenen Strand liegt, bietet Besuchern sehr leckere *Fish and Chips*, einen Schatz an essbaren Muscheln und sehr gastfreundliche Bewohner.

Für die ansässigen Maori vom Stamm der Tainui ist Kawhia historisch in doppelter Hinsicht enorm bedeutsam: einmal als Geburtsstätte des Häuptlings Te Rauparaha, auf den der heute weltbekannte Haka *Ka Mate* zurückgeht und der als einer der ersten Maori Feuerwaffen gegen seine Feinde (sowohl die Briten als auch andere Maori-Stämme) einsetzte.

Zum zweiten, und noch wichtiger, gilt Kawhia als Ruhestätte des *tainui waka*, mit dem die Vorfahren der Maori vor geschätzten 800 Jahren aus Polynesien nach Neuseeland kamen. Das Kanu ist angeblich am *Maketu-Marae* begraben. Ein wenig weiter nördlich markiert *Tangi te Korowhiti*,

Den breiten Strand von Kawhia hat man eigentlich zu jeder Tageszeit für sich allein

eine Gruppe von riesigen Pohutukawa-Bäumen, den Landeplatz des Kanus.

Wer Glück hat und im Februar zum *Kawhia Kai Festival* vorbeikommt, erlebt ein buntes Spektakel mit Maori-Kultur und -Traditionen, das Besucher von nah und fern anzieht, die diese spirituelle Stätte als ihre Heimat betrachten.

Info

Lage: Kawhia liegt an der Nordseite des Kawhia Harbour, eines großen Meeresarms an der Küste Waikatos, etwa 40 Kilometer südwestlich von Hamilton am SH 31.

Anfahrt: Am Ende der etwa 4 Kilometer langen Te Puia Springs Road in Kawhia parken und auf dem Trampelpfad über die Düne steigen. Die Zufahrt zum Ocean Beach ist ausgeschildert. Der „heiße" Bereich erstreckt sich von hier bis etwa 50 Meter nach Norden, direkt an der Wasserlinie. Am Parkplatz gibt es Toiletten, aber kein Wasser.

Achtung: Die *hot pools* sind nur bei Ebbe zu finden. Wenn das Wasser zu hoch steht, sucht man den Strand vergebens ab.

Öffnungszeiten: immer

Eintritt: nichts

Aktivitäten: Am nur 15 Fahrminuten entfernten Aotea Harbour, dem „Gegenstück" zum Kawhia Harbour, findet man bei passendem Gezeitenstand orangefarbene Sandsteinklippen mit kleinen Gezeitenpools, die über dem schwarzen Vulkansand außergewöhnlich aussehen.

Unterkünfte:
- *Kawhia Camping Ground*, nahe dem Hafen, nur 4 Kilometer entfernt von den heißen Quellen, mit 14 *Powered Sites* (18 NZD/Erwachsener) und 4 *Cabins*, 73 Moke Street, Kawhia, Tel.: +64-7 871 0863, E-Mail: kawhiacampingground@xtra.co.nz, Web: www.kawhiacampingground.co.nz
- *Kawhia Beachside S-cape Holiday Park*, direkt am Meer, nahe dem Ort, mit 14 Campervan-Stellplätzen (40 NZD/2 Personen), 10 *Cabins* und 5 Ferienhäusern, 225 Pouewe Street (PO Box 74), Kawhia, Tel.: +64 7 871 0727, E-Mail: kawhiabeachsidescape@xtra.co.nz, Web: www.kawhiabeachsidescape.co.nz

43. Von Raglan nach Ruapuke Beach: Neuseelands schönster Roadtrip

Die Straße, die vom belebten Surfer-Zentrum Raglan nach Süden führt, gehört zu den schönsten und gleichzeitig unbekanntesten Roadtrips, die die neuseeländische Nordinsel zu bieten hat. Das Ziel dieser Strecke ist der wilde, menschenleere, schwarze Ruapuke Beach; aber schon der Weg selbst ist hier eigentlich Ziel genug.

Die Küstenlinie von Nord-Taranaki

Neuseeland ist Roadtrip-Land, und *scenic drives* mit wunderschönen Ausblicken an jeder Kurve warten eigentlich in jedem Winkel des Landes. Kann man in dieser Vielfalt wirklich einen Favoriten küren? Die Strecke von Raglan nach Ruapuke Beach wäre jedenfalls ganz vorn dabei. Ihr großer Bonus: Kaum ein Tourist kennt sie.

Die meisten Neuseeland-Besucher kommen nur bis zu den 55 Meter hohen Bridal Veil Falls, die südlich von Raglan bei Te Mata liegen. Anstatt hier zu wenden und auf den SH 23 zurückzukehren, kann man aber auch nach Süden weiterfahren bis zum Ruapuke Beach, einem der schönsten Sandstrände an der mit schönen Sandstränden gesegneten Westküste um Raglan.

Waikato und Taranaki

Als erstes erreicht man hier eine Zufahrt, die bei Ebbe den Weg um ein felsiges Kap herum erlaubt – und dort eine kleine Höhle entdecken lässt, in die sich einige Wasserfälle ergießen. Einheimische Angler sind die einzigen Menschen, die man am Südende des breiten schwarzen Strandes antrifft. Zum Schwimmen ist die Strömung hier doch ein wenig zu stark.

Als *gravel road* führt die Straße parallel zum Strand etwa drei Kilometer weiter nach Norden, wo es eine weitere Möglichkeit für die Zufahrt gibt. Diese wird bei gutem Wind von zahlreichen Surfern genutzt, die hier einen der längsten *swells* der Westküste nutzen.

Nach weiteren neun Kilometern Fahrt durch Weideland, mit wunderschönen Blicken über die Klippen an der Küste und die Tasman Sea, erreicht man die Flanken des Mount Karioi, einen erloschenen, fast 800 Meter hohen Vulkan. Sehr abenteuerlustige Wanderfreunde können sich am Aufstieg versuchen, der aber – es sei gewarnt – mit den üblichen, gut ausgebauten neuseeländischen Wanderwegen wenig gemein hat. Der Blick von oben über den Raglan Harbour ist allerdings jede Mühe wert.

Der Aufstieg zum Gipfel des Mount Karioi ist eine echte Herausforderung

Waikato und Taranaki

Raue Klippen und weite, schwarze Strände wechseln sich ab

Die Taranaki Coast ist gesegnet mit wunderschönen Stränden

Waikato und Taranaki

Auch auf den letzten 13 Kilometern bis Raglan lässt die Schönheit der Strecke nicht nach; Ausblick reiht sich an Ausblick, bis die Fotoapparate rauchen. Die Sicht auf die beeindruckend geraden, hunderte Meter langen Wellen an der Manu Bay – bei Surfern auf der ganzen Welt als die längste *left-hand point break* weltweit bekannt, was heißt, dass sie den Surfer nach links trägt – ist der krönende Abschluss der Tour, die nach insgesamt 70 Kilometern in Raglan abgeschlossen ist.

Nur 70 Kilometer lang ist diese holprige, atemberaubende Fahrt – aber einen ganzen Tag kann man für diese wunderschöne Runde durch Neuseeland „just like in good old days" durchaus einplanen. Wer noch bleiben will, findet einen schlicht ausgestatteten Campingplatz am südlichen Ende des Ruapuke Beach. Und verschiebt den Rest der Runde auf den nächsten Tag.

Info

Lage: Ruapuke Beach liegt 22 Kilometer südlich von Raglan, GPS: -37.891344 174.765167

Anfahrt: Direkte Anfahrt von Raglan nach Manu Bay (7 Kilometer), weiter bis Mount Karioi Carpark (6 Kilometer, sehr kurvig), weiter für 9 Kilometer bis Ruapuke Beach.
70-Kilometer-Runde: Von Raglan zum Ruapuke Beach (22 Kilometer), dann weiter auf Ruapuke Road nach Osten bis zur Kreuzung Te Mata Road, hier entweder links nach Raglan (19 Kilometer) oder rechts zu den Bridal Veil Falls (6 Kilometer).

Öffnungszeiten: immer

Eintritt: nichts

Aktivitäten: Am Parkplatz an der Nordseite des Strandes gibt es eine Toilette. Der Strand ist nicht von Rettungsschwimmern bewacht, Kinder sollten hier nicht baden oder surfen. Familien nutzen besser den nahe gelegenen Ngarunui Beach, wo die Strömung weniger stark ist und es Rettungsschwimmer gibt.

Unterkünfte:
- *Ruapuke Motor Camp* am südlichen Ende von Ruapuke Beach, mit Stellplätzen (20 NZD/Erwachsener) und *Cabins* (ab 60 NZD/Nacht) hinter den Dünen, keine Kartenzahlung!, Kontakt: Tel. +64-7 8256 800 Web: www.ruapukemotorcamp.co.nz

44. Tongaporutu Beach: wunderbar wechselhafte Küste!

Die Küste des nördlichen Taranaki, genauer: Tongaporutu Beach, ist eine der abwechslungsreichsten und auch wechselhaftesten in ganz Neuseeland. Felsformationen, die man an einem Tag bewundert, können kurze Zeit später schon wieder verschwunden sein. Genau deshalb sollte man einen Ausflug an diese Strand wagen – die Ausblicke sind wahrhaftig atemberaubend.

Tongaporutu Beach erstreckt sich über elf Kilometer, von Te Kawau Pa im Norden von Rapanui bis nach Whitecliffs im Süden. Und die gesamte Küste befindet sich in ständiger Bewegung. Nicht nur der schwarze

Waikato und Taranaki

Sandstrand verändert sich ständig in seiner Ausdehnung und Festigkeit, je nach dem Stand und der Stärke der Gezeiten.

Auch die farbenfrohen, steilen Klippen aus Lehm und verfestigtem Sand, deren exakte Querstreifung mancherorten an ein zu stark bearbeitetes Foto glauben lässt, krümeln beständig weg. Größere Stücke des weichen Sandsteins werden immer wieder durch die Kraft des Wasser abgebrochen – ob das nun als Regen von oben kommt, oder ob es die wilde Tasman Sea ist, deren Brandung unerbittlich an die Küste schlägt.

Beobachter sprechen von ganzen zwei Metern, die der Küstenlinie am Tongaporutu Beach jedes Jahr entrissen werden. Mystische, mit historischen Maori-Felszeichnungen verzierte Höhlen, unwahrscheinlich

Die Klippen am Tongaporutu Beach sehen jeden Tag anders aus

hohe, kathedralenartige Felsbögen, wackelig in der Brandung aufragende Felsnadeln oder auch Exemplare der kugelrunden Konkretionen, die man vom Moeraki Beach auf der Südinsel kennt, können binnen Tagen oder gar Stunden entstehen, aus dem sandigen Untergrund auftauchen, abbrechen oder vom Meer wieder weggespült werden.

Entsprechende Vorsicht ist geboten, wenn man diesen Strand erkundet: Nur bei gutem Wetter mit wenig Wind und nur bei absolutem Ebbe-Tiefstand sollte man sich von der Steilküste hinabwagen. Zu jeder Zeit kann es kleinere oder größere Steinschläge von den Klippen geben, und auch die Kraft des Meeres darf nicht unterschätzt werden. Bei Flut schlagen die Wogen zum Teil fast bis auf das einsame Weideland hinauf, das die Oberseite der Klippen bedeckt.

Wer Pech hat und an einem Tag herkommt, an dem die Boulders unter Sand begraben sind, der wird trotzdem nicht enttäuscht: Der Blick an der Steilküste entlang, durch Felsentore und auf die wie Finger aus dem Meer zeigenden, 25 Meter hohen Felsnadeln *Three Sisters* (von denen

Noch ist er zu bewundern: der *Elephant Rock* am Tongaporutu Beach

Waikato und Taranaki

es früher vier gab und zwischenzeitlich nur noch zwei aufrecht stehen) während im Hintergrund vage der perfekte Vulkankegel des Mount Taranaki aufragt, lässt garantiert alle Münder offen stehen. Schade: Der „Elefant" hat vor etwa einem Jahr seinen Rüssel verloren.

Info

Lage: Tongaporutu Beach liegt 15 Kilometer südlich von Mokau und 67 Kilometer nördlich von New Plymouth in der North Taranaki Bight. GPS für den Strandparkplatz: -38.8175658,174.5911943

Anfahrt: Über SH 3 nach Tongaporutu.
- Für die beste Aussicht auf die *Three Sisters* und den *Elephant Rock* nördlich der Tongaporutu Bridge auf Pilot Road ans Meer abbiegen und bis zum Ende der Straße fahren.
- Für den Strandzugang zu den *boulders* entweder südlich der Tongaporutu Bridge auf Clifton Road abbiegen und nach etwa 500 Metern am Ufer des Tongaporutu River parken (*beach carpark*), bei Ebbe kann man dann über die Flussmündung hinweg am Strand nach Norden laufen; oder nördlich der Brücke auf SH 3 weiterfahren und etwa 2 Kilometer nach dem Abzweig der Pilot Road an der Flussmündung des Rapanui Stream parken. Von hier kann man am Strand entlang nach Süden laufen.
- Ein weiterer Parkplatz führt zu einem Weg auf die Klippen, von wo man bei Flut eine tolle Aussicht hat: dafür die Clifton Road knapp 2 Kilometer weiterfahren und dann den Pfad weiterlaufen bis an die Küste.

Öffnungszeiten: nur bei gutem Wetter und nur bei Ebbe zugänglich

Eintritt: nichts

Unterkünfte: Viele Privatunterkünfte in typisch neuseeländischen Strandhäusern (*baches*) findet man über lokale Anzeigen, eventuell Airbnb oder Bookabach.co.nz.
- Der nächstgelegene Campingplatz ist das *Urenui Beach Motor Camp*, nördlich des Städtchens Urenui an einer Flussmündung direkt an der Küste gelegen, mit 120 *Powered Sites* (22 NZD/Erwachsene ab 15 Jahren, 10 NZD/Kinder ab 3 Jahren) und etwa 25 Zeltplätzen ohne Strom, teilweise direkt am Strand gelegen. Tel.: +64-6 752 3838, Web: www.urenuibeachcamp.co.nz

45. Forgotten World Highway: Fahrt durchs Nirgendwo

Zwischen Stratford und Taumarunui führt der SH 43 durch ein Stück Neuseeland, das aus der Zeit gefallen scheint. In den wenigen Ortschaften leben kaum Menschen, und die sind ganz besondere Originale. So kommt es, dass man auf einer Fahrt von nur knapp 150 Kilometern nicht nur unberührten subtropischen Regenwald und idyllisches Weideland durchquert, sondern auch eine eigene Republik.

Neuseelands erster *Heritage Highway*, der mit durchschnittlich 150 Fahrzeugen am Tag gleichzeitig der am wenigsten befahrene Highway des Landes ist, führt vom dünn besiedelten Süden des *King Country* in die ebenfalls kaum bewohnte Region Taranaki. In direkter Nachbarschaft zum touristisch äußerst beliebten Central Plateau mit seinen Highlights Tongariro und Taupo liegt hier ein Stück authentisches, urwüchsiges Neuseeland, wie es schon zu Anfang des 20. Jahrhunderts ausgesehen haben muss.

Verfallene Farm in Ahititi – normaler Anblick auf dem Forgotten World Highway

Waikato und Taranaki

Die 74 Meter hohen Mount Damper Falls

Auf den historischen Versorgungspfaden der ersten europäischen Siedler windet sich der *Forgotten World Highway* in endlosen Kurven und Steigungen durch idyllisch sattgrünes Weideland, über vier Bergrücken, durch den gruselig engen, einspurigen Moki Tunnel und das gewundene, tief eingeschnittene Flusstal des Whanganui River in der Tangarakau Gorge: eine Art „natürliche Achterbahn", immer im Schatten des ikonischen Mount Taranaki im Westen und der Vulkane des Tongariro National Park im Nordosten.

Die Straße, immerhin bis auf ein 15 Kilometer langes Stück asphaltiert, führt nicht nur vorbei an stillgelegten Kohleminen und von Maori errichteten geschnitzten Holzpfählen, sondern auch an zahlreichen Weidezäunen, die zeigen, dass hier durchaus Menschen leben. Aber wo sind sie? Vereinzelt sieht man bewirtschaftete Farmen, hin und wieder begegnet man einem ramponierten Pick-up. In Flecken wie Aukopae oder Strathmore leben heute zum Teil nur noch zwei Menschen, während es in den 1930er-Jahren über eintausend waren.

Waikato und Taranaki

Klein, aber stolz: die unabhängige „Republik von Whangamomona"

Mitten im Nirgendwo, zwischen sanften grünen Hügeln und dunklen Bäumen, stößt man dann plötzlich auf dieses seltsame Schild: *„Welcome to the Republic of Whangamomona"*. Eine Grenzkontrolle gibt es nicht, aber im historischen *Whangamomona Hotel*, dem nach eigener Auskunft abgelegensten Hotel Neuseelands, kann man sich einen echten Einreisestempel in den Reisepass setzen lassen.

Die 20 stolzen Bewohner des Ortes Whangamomona hatten im Jahr 1988, als eine Gebietsreform ihre Heimat auf der Karte in zwei Hälften zerschneiden sollte, kurzerhand einen unabhängigen Staat gegründet. Der demokratisch gewählte Präsident muss nicht viel tun; so war es wohl auch nicht weiter schlimm, dass eine Ziege die erste war, die diesen Posten zugesprochen bekam (sie hatte alle Stimmzettel aufgefressen).

Vielen Touristen begegnet man bei einem Rundgang durch die wirklich kleine Ortschaft nicht, und auch auf dem *Forgotten World Highway* ist man in aller Regel der einzige Fahrer. Nur alle zwei Jahre kommt Aufregung und Leben in die verschlafene Idylle: Wenn nämlich wieder einmal die Unabhängigkeitsfeier der Republik ansteht. Dann sind die wenigen Unterkünfte im Ort knackevoll mit Besuchern, die beim Gummistiefelweitwurf, beim Peitschenknallen oder beim Schafsrennen zuschauen wollen. 2019 feiert die Republik ihren 30. Geburtstag!

Waikato und Taranaki

Info

Lage: Der SH 43 führt als *Forgotten World Highway* von Stratford im Westen nach Taumarunui im Zentrum der Nordinsel. Für die Strecke von 155 Kilometern sollte man 3 bis 4 Stunden Fahrtzeit einkalkulieren.

Anfahrt: In Taumarunui vom SH 4 abbiegen auf SH 43, oder in Stratford abbiegen vom SH 3. Achtung: Wenn man von Norden startet, kommt bei Kilometer 42 ein Abzweig zum SH 3 nach Stratford, der Forgotten World Highway führt aber geradeaus weiter. Die Strecke als eine der schlechtesten Straßen Neuseelands. Besondere Aufmerksamkeit ist beim Durchfahren der Tangarakau Gorge geboten. Aussichtspunkte mit Blick auf die Vulkane des Central Plateau und den Mount Taranaki gibt es zum Beispiel am Nevins Lookout zwischen Aukopae und Tatu, oder auf dem Strathmore Saddle. In der Nähe von Strathmore 36 Kilometer nordöstlich von Stratford biegt die Straße zur *Bridge to Somewhere* ab – das „Irgendwo" ist das isolierte Aotuhia Valley, in dem 1900 die ersten Europäer eine Siedlung anlegten.

Öffnungszeiten: immer

Achtung: Unterwegs gibt es keine Möglichkeiten zum Tanken und kaum etwas zum Einkaufen.

Eintritt: nichts

Aktivitäten: Vom *Forgotten World Highway* zweigen einige Nebenstraßen ab, die zu sehenswerten Orten führen. Etwa 20 Kilometer nordöstlich von Whangamomona führt zum Beispiel die Mangapapa Road zu den Mount Damper Falls, mit 74 Metern einem der höchsten Wasserfälle der Nordinsel. Wer nicht Auto fahren will, kann die Gegend auch auf Schienen erkunden: *Forgotten World Adventures* bietet von Oktober bis Mai ganztägige Fahrten in kleinen Carts auf stillgelegten Eisenbahnschienen an. Preis: ab 145 NZD/Person, Tel. 0800-724 522 78, Web: www.forgottenworldadventures.co.nz

Unterkünfte:
- *Whangamomona Hotel,* Ohura Road, ab 120 NZD/Erwachsener, Tel. +64-6 762 5823, Web: www.whangamomonahotel.co.nz
- Das *Whangamomona Camp* liegt an der gleichnamigen Straße ein wenig außerhalb des Ortes, Stellplätze ohne Strom kosten 15 NZD/2 Personen, Tel. +64-6 762 5881

Wellington Region

46. Whanganui River Journey: Mehrtageswanderung ohne Laufen
47. Kapiti Island: Vogelparadies mit langer Geschichte
48. Castlepoint: spektakulär und unbekannt
49. Putangirua Pinnacles: geologisches Grusel-Spektakel
50. Cape Palliser: der südlichste Punkt der Nordinsel

White Rock Beach in der Region Wairarapa

Wellington Region

46. Whanganui River Journey: Mehrtageswanderung ohne Laufen

Zu den neun *Great Walks* in Neuseeland gehört ein ganz besonderer, den man nicht läuft, sondern fährt: Die drei- bis fünftägige Paddeltour über die unzähligen Flussschleifen des breiten, aber nicht immer nur ruhig dahinfließenden Whanganui River ist eine Reise in die Vergangenheit und ins stille, grüne Herz Neuseelands.

Der Whanganui River, der im Tongariro-Gebirge entspringt und nach 290 Kilometern im netten Städtchen Wanganui (ohne h!) in die Tasman Sea mündet, gilt als längster schiffbarer und gleichzeitig drittlängster Fluss Neuseelands. Die Maori nutzten ihn intensiv, und auch für die ersten europäischen Siedler war der Fluss ein wichtiger Handels- und Reiseweg ins Landesinnere der Nordinsel. So lag die Idee nahe, hier die Strecke für eine Mehrtages-Flusswanderung anzulegen.

Die insgesamt 145 Kilometer lange Whanganui Journey führt flussabwärts über zwölf Teilstrecken zwischen Taumarunui und Pipiriki, die

Die Whanganui River Journey folgt dem Flusslauf über 145 Kilometer

Wellington Region

Durch dichten, urtümlichen Regenwald gleiten die Kajaks mühelos

entweder zu einer fünftägigen oder einer dreitägigen Wasserwanderung kombiniert werden können. Wer noch nicht genug hat, der kann auf eigene Faust in zwei Tagen weitere 89 Kilometer bis nach Wanganui fahren, wo der Fluss beim Vorort Castle Cliff in die South Taranaki Bight mündet.

Dass der Fluss auf dieser Strecke durchgängig als „schiffbar" bezeichnet wird, bedeutet nach Kiwi-Manier allerdings eher: Es gibt zahlreiche Untiefen und über 200 Stromschnellen, die irgendwie umschifft (und notfalls per Umtragen bewältigt) werden müssen.

Auf seinem Lauf passiert der Whanganui River tief eingeschnittene Schluchten und hohe Klippen mit Wasserfällen, geheimnisvolle (und den Maori heilige) Höhlen, dichten Urwald, felsige Ufer und sanfte, saftige Wiesen. Tagsüber hört man außer dem Schlagen der Paddel und dem Rauschen ferner Stromschnellen nicht viel mehr als die Rufe von *Kereru*, *Tui* und anderen einheimischen Vogelarten; in der Dämmerung und nachts lassen sich mit Glück Streifenkiwis und neuseeländische Fledermäuse beobachten.

Wellington Region

Auch geübte Paddler sollten den Whanganui River nicht unterschätzen: Auf lange Streckenabschnitte fast ohne Strömung, die vor allem bei leichtem Gegenwind stetiges, Muskelschmalz zehrendes Paddeln erfordern, folgen immer wieder kleinere Stromschnellen. Die sind bei gutem Wetter zwar höchstens mit der Wildwasser-Stufe II ausgewiesen, bringen Alltags-Paddler jedoch regelmäßig zum Kentern. Und wer dann die Ausrüstung nicht absolut wasserfest in den Kajaks verstaut hat, auf den wartet ein trauriger Abend mit feuchten Kleidern und durchnässten Vorräten.

Zum Glück ist nicht immer Camping angesagt: Die erschöpften Glieder strecken kann man sehr bequem in der *Blue Duck Lodge* in Whakahoro, dem einzigen nennenswerten Ort auf der Strecke, der außerdem mit einem Café lockt – oder in der DOC-Hütte *Tieke Kainga*, die gleichzeitig als *Marae* fungiert und in der müde Paddler zuweilen mit der Teilnahme an einem traditionellen *powhiri* überrascht werden.

Der drei Kilometer lange Wander-Abstecher zur ikonischen *Bridge to Nowhere* am dritten Tag der Wasserwanderung ist Balsam für die müde gepaddelten Arme. Die mitten im dichten Busch liegende Betonbrücke über den tief eingeschnittenen Mangapurua Stream führt in ein Tal, in dem der neuseeländische Staat kurz nach dem Ersten Weltkrieg ehemalige Soldaten Land zur Bewirtschaftung gegeben hatte. Hier gab es zahlreiche Gehöfte, eine Schule, Geschäfte und eine Post.

Mangels Zufahrtsstraßen und fruchtbarer Böden gaben die Siedlungspioniere ihr ambitioniertes Vorhaben jedoch bald wieder auf. Auch die 1936 unter erheblichem Aufwand fertiggestellte Brücke konnte nicht mehr verhindern, dass die drei letzten Familien Anfang der 1940er-Jahre das Tal verließen. Heute erinnern nur noch die Überreste von Weidezäunen, vereinzelte Ziegel-Kamine und eben die gigantische Brücke an die glücklosen Siedler.

Die *Bridge to Nowhere* nach Nirgendwo

Info

Lage: Die Whanganui River Journey führt über 145 Kilometer auf dem Whanganui River von Taumarunui im Zentrum der Nordinsel bis nach Pipiriki im Südwesten. Eine kürzere, dreitägige Strecke beschränkt sich auf den knapp 90 Kilometer langen Teil ab Whakahoro. Der Großteil der Strecke führt durch den Whanganui National Park.

Anfahrt: Die Whanganui River Journey beginnt in Taumarunui, Zufahrt über SH 4, etwa 55 Kilometer westlich von Turangi. Der Endpunkt in Pipiriki ist etwa 79 Kilometer nördlich von Wanganui, der nächste über Straßen erreichbare Ort ist Raetihi (22 Kilometer nordöstlich).

Öffnungszeiten: Der Whanganui National Park, in dem ein Großteil der Strecke liegt, ist ohne Eintritt für alle Besucher offen. Vom 1. Oktober bis 30. April müssen die Campingplätze und Hütten vorgebucht werden (am besten im *DOC Visitor Centre* in Whanganui), außerhalb der Saison gilt die Regel *„first come, first served"*.

Achtung: Auf dem Gebiet des Nationalparks gibt es weder Handy-Empfang noch Einkaufsgelegenheiten (und auch kein Toilettenpapier auf den Hütten!). Hat man Whakahoro passiert, gibt es keine Möglichkeit mehr, umzukehren. Bei schlechtem Wetter und Regen kann der Fluss binnen kurzer Zeit stark anschwellen und das Paddeln sehr gefährlich machen. Auch im Hochsommer sollte man sich immer entsprechend ausrüsten, nie an der Wasserlinie campen, Boote immer gut festmachen und bei Wind die Wegzeiten großzügig kalkulieren.

Zahlreiche Veranstalter vermieten an den Einstiegspunkten Kajaks, Paddelzubehör und Schwimmwesten. Auch den Transport zum Startpunkt und/oder die Abholung am Ziel werden von kommerziellen Veranstaltern übernommen, die man im *DOC Visitor Centre* buchen kann.

Eintritt: Der *Great Walks Pass* für die Wasserwanderung muss beim DOC erworben werden.

Aktivitäten: Der Abstecher zur *Bridge to Nowhere* führt vom Mangapurua Landing über 3 Kilometer (etwa 1,5 Stunden hin und zurück) bis zur Brücke.

Tagestrips auf dem Whanganui River starten zum Beispiel von Whakahoro aus, die Rückfahrt findet zeitsparend (und spaßig!) per

Wellington Region

Jetboat statt. Kosten: 160 NZD/Person, Kontakt über *Blue Duck Station*.

Wem das Paddeln zu anstrengend oder zu gefährlich ist, der kann sich in einem stabilen Ruderboot über den Whanganui River fahren lassen. *Whanganui River Dories* bietet geführte Bootstouren von 3 bis 5 Tagen Länge an, Kosten: ab 1099 NZD/Person,
Kontakt: www.whanganuiriverdories.co.nz

Noch luxuriöser ist eine Fahrt mit dem restaurierten Dampfschiff *PS Waimarie*, das schon 1902 Reisende von Wanganui nach Taumarunui brachte, von wo sie mit Postkutschen und später mit der Eisenbahn weiterfuhren. Die Route wurde damals für Touristen als *The Rhine of Maori-Land* angepriesen.

Mehr Informationen über die lange Geschichte des Dampfschiffs und die noch längere Geschichte von Wanganui hat das *Waimarie Museum*, ein ehemaliges Ruderhaus am Taupo Quay in Wanganui. Der Eintritt ist frei, eine Fahrt mit dem Dampfschiff (Start täglich 11 Uhr, Dauer 2 Stunden) kostet 45 NZD/Erwachsener, 15 NZD/Kinder von 5 bis 15 Jahren. Zwischen November und März gibt es außerdem die bei den Einheimischen sehr beliebten *Friday Night Cruises* mit Musik (Start 17:30 Uhr, Tickets 30 NZD).

Unterkünfte:
- Übernachtung in Hütten: 32 NZD/Erwachsener in der Saison, sonst 15 NZD (Kinder bis 17 Jahre sind kostenlos, müssen aber trotzdem registriert werden)
- Übernachtung auf Campsites: 20 NZD/Erwachsener in der Saison, sonst kostenlos (außer Ohinepane und Whakahoro: 10 NZD/Erwachsener, 5 NZD/Kind)
- *Blue Duck Station* mit 5 Lodges für 8 bis 26 Personen, ab 45 NZD/Nacht im Schlafsaal, 375 NZD/2 Personen in der *Blue Duck Lodge*; die Unterkünfte und das Café sind über mehrere Kilometer an der Straße verteilt! 4265 Oio Road, Whakahoro, Retaruke. *Whio Lodge* und *Warrior Lodge* werden vom *Stray Bus* angefahren.
Kontakt: Tel.: +64-7 895 6276, E-Mail: info@blueduckstation.co.nz, Web: www.blueduckstation.co.nz

47. Kapiti Island: Vogelparadies mit langer Geschichte

Fast jeder Neuseeland-Reisende wird die Insel auf der Fahrt von oder nach Wellington gesehen haben – als nicht zu übersehender Buckel ragt sie nur wenige Kilometer vor der endlos langen, schwarzsandigen Kapiti Coast aus der Tasman Sea. Aber nur die wenigsten Reisenden betreten Kapiti Island und entdecken das Naturparadies für einheimische Vögel.

Weiße Traumstrände hat Kapiti Island nicht zu bieten, im Gegenteil: An der dem offenen Ozean zugewandten Westseite fallen steile Felsenklippen teilweise über 500 Meter tief ins Meer ab. Das bergige Innere der Insel, die als höchster Gipfel einer unterseeischen Bergkette aus dem Wasser ragt, hat sich nach Jahren der Brandrodung und Weidewirtschaft inzwischen der neuseeländische *bush* zurückerobert, bis zu 30 Meter hohe Bäume bedecken den felsigen Boden.

Kiwi-Transportboxen am Strand

So eine unzugängliche natürliche Festung war ein idealer Rückzugsort für kriegerische Maori-Stämme wie die *Ngati Toa*, die Anfang des 19. Jahrhunderts den südlichen Teil der Nordinsel beherrschten und Kapiti Island als strategisch optimalen Rückzugsort nutzten. Von hier aus gingen sie auf Raubzüge entlang der Westküste bis hinunter auf die Südinsel, und auch eine Allianz mehrerer gegnerischer Stämme konnte die Insel nicht erobern. Über zweitausend Krieger, die im Schutz der Dunkelheit nach Kapiti Island anrückten, wurden dort im Morgengrauen bis auf den letzten Mann getötet.

Seine wachsende Macht verdankte Te Raupahara, der Häuptling der *Ngati Toa*, vor allem der bereitwilligen Zusammenarbeit mit den europäischen Siedlern, von denen er gern Waffen und Schiffe annahm, um seine Feinde zu besiegen. Viele Maori-Frauen heirateten damals Walfänger und Händler, die vor Kapiti Island in der Kinderstube der Südkaper reiche Beute machten. Damals lebten bis zu zweitausend Menschen in der Walfang-Station *Te Kahu-O-Terangi* und rotteten die Walpopulation von über 10.000 Tieren fast aus. Noch heute kann man am Rangatira Point am geschützten Ostufer die rostigen Überreste zweier großer Töpfe finden, in denen damals Tran gekocht wurde.

Dass Kapiti Island eine wichtige Rolle für den Naturschutz spielt, wurde bereits 1870 erkannt, und seit 1897 ist der größte Teil der Insel ein Vogelschutzgebiet im Besitz des Staates. *Te Whare*, das älteste Gebäude auf der Insel, diente seitdem verschiedenen Naturschützern als Unterkunft, darunter auch Richard Henry, dem ersten offiziellen DOC-Ranger. Es dauerte allerdings genau 101 Jahr, bis in einer beispiellosen Aktion sämtliche Possums und Ratten ausgerottet wurden – eine Leistung, die auf so einer großen und schlecht zugänglichen Insel wenige für möglich gehalten hatten.

Kapiti Island ist einer der letzten Rückzugsorte für den Zwergkiwi, der hier zusammen mit seinem Vetter, dem Südlichen Streifenkiwi, Anfang des 20. Jahrhunderts ausgesetzt wurde. Nicht nur Kiwis und viele andere bedrohte einheimische Vogelarten leben in diesem Refugium, auch

Blick auf Kapiti Island vom Paraparaumu Beach

Wellington Region

die in den Tararua Ranges lebende endemische Kurzschwanzfledermaus hat auf der etwa 20 Quadratkilometer großen Insel eine zweite Heimat gefunden.

Ganz so einsam wie andere schädlingsfreie Vogelschutzinseln ist Kapiti Island nicht. Jeden Tag fahren maximal einhundert Besucher über den fünf Kilometer breiten Rauoterangi Channel an das Nordende der Insel nach Waiorua oder zum Rangatira Point. Für jeden der Landepunkte muss eine Sondererlaubnis (*permit*) vom DOC ausgestellt werden. Die Regeln sind streng: Vor dem Betreten der Insel werden die Taschen aller Besucher auf Samen, Insekten, Nagetiere und andere Verunreinigungen kontrolliert, die Schuhe geputzt und alle müssen sich einen Aufklärungsvortrag anhören, die Wege dürfen nicht verlassen werden, Kinder müssen immer beaufsichtigt sein, mitgebrachte Verpflegung gehört in versiegelte Gefäße (die neugierigen *Weka* und *Kaka* sind talentierte Diebe!), Rauchen und Muscheln sammeln sind verboten.

Wem die Stippvisite von 9:30 Uhr bis 14:30 Uhr nicht genügt, der kann auch über Nacht bei der Maori-Familie bleiben, die hier seit acht Generationen lebt und das Unternehmen *Kapiti Island Nature Tours* betreibt. Viele hoffen, auf einer geführten Nachtwanderung den scheuen Zwergkiwi zu hören oder zu sehen. Das ist gar nicht mal unwahrscheinlich, denn die kleinen Laufvögel sind auf Kapiti Island relativ zutraulich.

> **Info**
>
> **Lage:** Kapiti Island liegt etwa 5 Kilometer vor der Kapiti Coast im Südwesten der Nordinsel, auf der Höhe der Ortschaften Paraparaumu und Waikanae.
>
> **Anfahrt:** Überfahrten nach Kapiti Island starten am *Kapiti Boating Club* in Paraparaumu, 1 Manly Road. Von Wellington ist es auf dem SH 1 etwa eine Stunde Fahrt nach Norden. Inselbesucher können auf dem Parkplatz des *Boating Club* oder gegenüber parken.
>
> **Öffnungszeiten:** Überfahrten nach Kapiti Island dauern etwa 15 Minuten und starten einmal täglich gegen 9 Uhr. Nur autorisierte Touranbieter dürfen Besucher auf die Insel bringen. Von diesen werden auch die vorgeschriebenen *DOC permits* für jeden Teilnehmer besorgt. Touren sollten besonders im Sommer frühzeitig gebucht werden. Private Boote oder Kajaks haben keine Landeerlaubnis!

Wellington Region

Eintritt: Die Fahrt nach Kapiti Island kann entweder mit *Kapiti Island Nature Tours* oder mit *Kapiti Explorer & Marine Charter* gemacht werden. Boote landen entweder in Waiorua am nördlichen Ende der Insel oder am Rangatira Point.

- *Kapiti Island Nature Tours*: tägliche Fahrten, reine Überfahrt per Wassertaxi ab 80 NZD/Erwachsene, Tagestour mit Führung und Lunch 180 NZD/Erwachsene, Kiwispotting mit Übernachtung ab 355 NZD/Erwachsene; Kontakt: Tel.: +64-21 126 7525 oder 0800 KAPITI, E-Mail: bookings@kapitiislandnaturetours.co.nz
- *Kapiti Explorer & Marine Charter*: nur zwischen September und Mai, Überfahrten für mindestens 8 Personen, ab 77 NZD/Erwachsene, 40 NZD/Kinder ab 5 Jahren, geführte Wanderungen 15 NZD, Kontakt: Tel.: 0800 433 779, E-Mail: glen.cooper@kapitilandeco.co.nz

Tagesgäste sollten ihre eigene Verpflegung mitbringen sowie festes Schuhwerk und wetterfeste Kleidung tragen. Toiletten gibt es auf der Insel. Rauchen und offenes Feuer sind verboten, das Sammeln und Mitnehmen von Muscheln, Steinen oder Pflanzen ebenfalls.

Aktivitäten: Einmal auf der Insel angekommen, können Besucher auf eigene Faust die Wege laufen oder an einer geführten Tour teilnehmen. *Kapiti Island Nature Tours* bieten auch Nachtwanderungen mit *Kiwispotting*, Ausflüge mit Seekajaks und Schnorcheltouren an.

- Der Rangatira Loop Walk dauert etwa 1,5 Stunden und führt in einer Runde von der Waiorua Bay durch nachwachsenden Küstenwald und die sumpfige Okupe-Lagune, vorbei an Walfang-Artefakten und dem historischen Whare zurück zum Startpunkt.
- Der anspruchsvolle Trig Track führt vom Rangatira Point über 2 Kilometer steil bergauf, auf den 521 Meter hohen Tuteremoana.

Unterkünfte:

- *Kapiti Island Nature Tours* bietet Übernachtungen auf ihrem Privatgrund auf der Insel an. Kosten: ab 355 NZD/Person, Übernachtung im Glamping-Zelt oder im *Homestay* in Waiorua, 3 Mahlzeiten, *Kiwispotting*-Tour und Überfahrt inklusive;
Kontakt: Tel.: +64-21 126 7525 oder 0800 KAPITI,
E-Mail: bookings@kapitiislandnaturetours.co.nz

48. Castlepoint: spektakulär und unbekannt

Auf der einen Seite ein über 160 Meter hoher Felsen, auf der anderen ein schneeweißer Leuchtturm, dazwischen eine sanft geschwungene Bucht mit weiß leuchtendem Sand, geschützt hinter einem Riff – Castlepoint bietet schon von weitem einen atemberaubenden Anblick.

Nur wenige Touristen verirren sich hierher, denn die Zufahrt von Masterton über fast 70 Kilometer ist eine Sackgasse. Bei den Neuseeländern ist die Gegend im Hinterland von Wellington dagegen sehr beliebt. An Wochenenden und in den Ferien ist der breite, flache Sandstrand der Deliverance Cove voll mit Pick-ups und Utes, aus denen Familien ihre Kajaks und Angelausrüstungen ausladen. Wie am berühmten Ninety Mile Beach kann man hier mit dem Auto direkt auf den Strand fahren – aber bitte nur während der Ebbe.

Die Deliverance Cove bietet eines der schönsten Panoramen der Nordinsel

Wellington Region

Hinter dem Strand liegt eine flache Lagune, die von seltenen Vögeln und Pflanzen bewohnt wird. Eine Gänseblümchenart, die auf den Felsen am Ende der Bucht wächst, findet man weltweit nur an dieser einen Stelle in Neuseeland!

Auch in den Gezeitenpools am Rand des Riffs und in den mit Fossilien durchsetzten Kalksteinfelsen gibt es immer etwas zu entdecken, und in der geschützten Bucht kann man ohne gefährliche Strömungen baden und paddeln. Mit etwas Glück sieht man von der Küste aus Delfine und kleinere Wale, während sich am Strand der eine oder andere Seelöwe sonnt – Vorsicht, die niedlichen Tiere können sehr schnell und sehr aggressiv werden!

Der 1913 errichtete Leuchtturm wurde als letzter in Neuseeland aus Stahlringen zusammengefügt, die man einzeln aus England importierte. Seit 1988 leuchtet er ferngesteuert aus der Zentrale in Wellington. Zu

Wellington Region

seinem Fuß, der 52 Meter über dem Strand liegt, führt ein gut ausgebauter Bohlenweg. Das Innere des Leuchtturms ist für die Öffentlichkeit leider nicht zugänglich – und angesichts der Geschichte, ein 1922 hier gestorbener Leuchtturmwärter würde seit seinem Tod darin spuken, ist das vielleicht auch gar nicht schlimm.

Statt ganz oben wartet die Überraschung hier unter der Erde: Eine große Höhle unter dem Leuchtturm führt als Tunnel von der Bucht zum

Der Leuchtturm von Castlepoint ragt hoch über der Deliverance Cove auf

offenen Meer. Bei Ebbe findet man den Höhleneingang, der nicht ausgeschildert ist, zwischen einigen Felsen am Strand, am Beginn des Bohlenweges.

Den herrlichen Panoramablick von oben auf die Bucht und den Leuchtturm muss man sich mit dem Aufstieg zum Castle Rock ein wenig härter erarbeiten. Der Deliverance Cove Track führt als leichter Rundweg in etwa 1,5 Stunden vom Parkplatz im Süden über die mit Pinien bestandenen Hügel oberhalb der Bucht bis ans andere Ende und am Strand wieder zurück. Ein kurzer, etwas unwegsamer Abstecher führt um den Fuß des Castle Rock herum und hinauf auf den Felsen, wo man eine tolle Rundumsicht genießt und sich vom Wind ordentlich durchblasen lassen kann.

Dieses Foto macht garantiert kein anderer Neuseeland-Besucher!

Info
Lage: Castlepoint liegt 65 Kilometer nördlich von Masterton, an der Ostküste der Wairarapa-Region.

Anfahrt: Aus Masterton auf die Ore Ore Road, die nach 2 Kilometern zur Masterton Castlepoint Road wird und direkt zum Castlepoint Scenic Reserve führt. Die Zufahrt ist zwar eine Sackgasse, aber gut instandgehalten und asphaltiert.

Öffnungszeiten: immer

Eintritt: nichts

Aktivitäten: Der Weg zum Leuchtturm dauert etwa 30 Minuten und ist Buggy-tauglich. Der Deliverance Cove Track, 3,9 Kilometer lang, ist gut ausgebaut und ohne schwierige Stellen, jedoch nicht durchgehend für Buggys geeignet. Vor allem auf dem Abstecher auf den Castle Rock sollte man Kinder gut festhalten, da es hier kein Geländer gibt und es steil nach unten geht. Plötzliche Windböen können hier oben viel Kraft haben!

Unterkünfte: In Castlepoint gibt es nicht viel außer einigen Ferienhäusern, einem Pub und einer kleinen *Dairy* für Waren des täglichen Bedarfs.
- *Castlepoint Holiday Park and Motel*, direkt am Strand mit Blick auf den Leuchtturm, mit *Powered Sites* (20 NZD/Erwachsener), *Cabins* und Motel Units; 1-3 Jetty Road, Castlepoint 5889, Tel.: +64 6 372 6705, E-Mail: holiday@castlepoint.co.nz

Wellington Region

49. Putangirua Pinnacles: geologisches Grusel-Spektakel

Am sturmzerzausten, schwarzen und abgeschiedenen Cape Palliser, das nur durch die Rimutaka Ranges von Neuseelands fast ebenso sturmzerzauster Hauptstadt getrennt ist, fühlt man sich häufig wie auf einem anderen, wilderen Planeten – oder wie in einer Gruselgeschichte. Die Putangirua Pinnacles machen diesen Eindruck perfekt.

Hoch ragen die Steinsäulen der Pinnacles auf

Kann es so etwas wirklich geben? Viele, die zwischen den turmhohen Felsnadeln entlanglaufen, tun das mit staunend aufgerissenen Augen und Mündern. Nicht wenige gruseln sich sogar ein wenig, was meistens mit einer tragenden Rolle der Pinnacles als Hintergrund in Sir Peter Jacksons Fantasy-Epos „Der Herr der Ringe" zu tun hat: Direkt im Scenic Reserve stapfte Held Aragorn todesmutig auf schmalen Pfaden in eine finstere Felsenhöhle hinein, wo er die Armee der Toten aufzuwecken gedachte. Filmfreaks erinnern sich vielleicht auch an das Frühwerk „Braindead" von Sir Peter, einen Zombie-Splatter-Horrorfilm, dessen Anfangsszenen ebenfalls hier gedreht wurden.

Die engen, gewundenen Pfade, die sich am Boden der tief eingeschnittenen Schluchten aus Sedimentgestein an einem Bachbett entlang durch immerwährendes Zwielicht schlängeln, erzeugen tatsächlich eine ganz besondere Atmosphäre. Dazu kommen die unmerklichen Farbänderungen des Gesteins, das bei Sonnenschein ganz anders aussieht als bei bedecktem Himmel.

Entstanden sind die Putangirua Pinnacles, die streng geologisch eigentlich als *Hoodoos* bezeichnet werden, durch schlichte Erosion. Die Abtragung von weichem Lehm und Erde zwischen festerem Felsen hat hier, im äußersten Süden der Nordinsel, erst vor schätzungsweise 7000 Jahren begonnen. Der Putangirua Stream arbeitet sich stetig voran und frisst sich durch das weiche Gestein immer weiter landeinwärts.

Wellington Region

Unterstützt vom Regen, bilden sich so jedes Jahr neue und tiefere Auswaschungen.

Die eigentlichen Pinnacles entstehen oder vielmehr bleiben erhalten, weil auf ihrer Spitze ein festerer Stein aufliegt, der die Abtragung von oben verhindert. Dass viele der Steinsäulen eine graue oder sogar grüne Mütze tragen, erkennt man von oben, wenn man den etwa vierstündigen Rundweg hinauf auf die Pinnacles macht, der nebenbei tolle Ausblicke über die Palliser Bay und Lake Onoke im Westen bietet.

Die Pinnacles sind vielleicht nicht einzigartig auf der Welt; vielgereiste Besucher erinnern sich vielleicht an ähnliche Felsformationen im türkischen Kappadokien, auf Teneriffa oder an den Bryce Canyon in den USA. Aber sie sind ein weiterer eindrucksvoller Beleg dafür, wie unglaublich vielfältig Neuseelands Natur ist.

Info

Lage: Die Putangirua Pinnacles liegen im gleichnamigen Scenic Reserve in der Palliser Bay im Distrikt Wairarapa, etwa eine Stunde Fahrt von Martinborough entfernt. GPS: -41.45015607,175.22403217

Anfahrt: Von Martinborough bis zum Abzweig nach Lake Ferry fahren, danach 13 Kilometer weiter auf der Cape Palliser Road. Der Weg zu den Pinnacles beginnt hinter der gleichnamigen DOC Campsite.

Öffnungszeiten: immer

Eintritt: nichts

Der Weg folgt dem Bachbett des Putangirua Stream, das je nach Jahreszeit und Regenmenge seinen Lauf verändert. Er ist aber immer leicht zu finden. Vorsicht vor Steinschlag bei Regen und starkem Wind!

Unterkünfte:

- *Putangirua Pinnacles, Standard DOC Campsite* mit 50 Plätzen auf einer Wiese am Beginn des Wanderwegs, 8 NZD/Erwachsene, 4 NZD/Kinder ab 5 Jahren
- *Te Kopi Lodges* und *Te Kopi Homestead*, ein Ferienhaus und zwei kleine Hütten mit insgesamt 10 Betten sowie ein großes Haus mit 4 Schlafzimmern für Selbstversorger, 500 Meter neben der DOC Campsite, 200 NZD/Nacht, buchen über DOC, Tel.: +64-6 377 0700

Wellington Region

50. Cape Palliser: der südlichste Punkt der Nordinsel

Neben den urbanen Zentren von Wellington und Martinborough bildet die kaum besiedelte Palliser Bay an der Küste der Wairarapa-Region ein deutliches Kontrastprogramm. Außer ein paar einheimischen Fischern und Wochenend-Urlaubern verirrt sich kaum jemand hierher.

Cape Palliser, die südlichste Spitze der Nordinsel, liegt südlicher als der Norden der Südinsel. Das abgelegene Kap, eigentlich nur 50 Kilometer Luftlinie von der Hauptstadt Wellington entfernt, liegt abgeschnitten hinter den Rimutaka und den Tararua Ranges in einer anderen Welt. Es ist nur mit eigenen Transportmitteln erreichbar. Die Anfahrt von

Wellington Region

Wellington über Featherston dauert etwa zwei Stunden, kann aber locker auf einen Tagestrip mit Übernachtung ausgedehnt werden.

Die Szenerie wechselt von sanftem, grünem Farmland und ausgedehnten Feuchtgebieten um den riesigen Lake Wairarapa, der in den Lake Onoke an der Küste mündet, zu kargen, dunklen Felsklippen und breiten schwarzen Stränden. Der Blick aus dem Fenster sorgt immer wieder für „Aaahs" und „Ooohs", wenn sich die Straße in vielen Kurven zwischen der sturmumtosten Küste auf der einen Seite und den steilen Felsenklippen auf der anderen windet.

Sehenswertes am Wegrand wartet in zahlreicher Form; von der größten Seelöwenkolonie der gesamten Nordinsel über den breiten schwarzen Sandstrand, der nach jedem Sturm Schätze an Treibgut freigibt, bis zur

Nur wenige Menschen leben am Cape Palliser – dafür umso mehr Seelöwen

Wellington Region

Besteigung des strahlend rot-weiß gestrichenen Leuchtturms selbst, zu dem 253 Stufen vom Strand hinaufführen. Der 59 Meter hohe, unbemannte Turm markiert für die Schifffahrt die Einfahrt in den Hafen von Wellington; an klaren Tagen ist von hier oben die Südinsel zu erkennen.

Möglichkeiten zum Einkaufen gibt es weder hier noch im nahen Fischerdorf Ngawi. Dort warten allenfalls die schlafenden Seelöwen und zwischen November und Januar ihre niedlichen Jungtiere (Vorsicht – niemals den Tieren den Fluchtweg zum Meer abschneiden oder zwischen Mutter- und Jungtier kommen!).

Wer mehr Zeit hier verbringen will, als ein Tagestrip erlaubt, kann auch im einfachen, aber günstigen *Lake Ferry Hotel* am Lake Onoke einkehren – einem der ältesten Hotels Neuseelands, das seit 1851 Gäste am See empfängt und sie ans andere Ufer bringt (daher der Name).

253 Stufen müssen erklommen werden, um zum Fuß des Leuchtturms zu gelangen

Wellington Region

Blick zum Lake Ferry

Info

Lage: Palliser Bay, ca. 140 Kilometer von Wellington bzw. 66 Kilometer von Martinborough; GPS: -41.6119,175.2879354

Anfahrt: Von Featherston ca. 22 Kilometer auf Kahutara Road, rechts abbiegen auf Lake Ferry Road, nach 13 Kilometern links auf Cape Palliser Road, ca. 35 Kilometer auf geschotterter Straße bis zum Leuchtturm.

Öffnungszeiten: immer (Der Leuchtturm selbst kann nicht betreten werden.)

Eintritt: nichts

Aktivitäten: Die unberührte, wilde Küste und ihr Hinterland, der Aorangi Forest Park, laden zum Wandern ein. Die DOC Campsite *Putangirua Pinnacles* liegt etwa 20 Kilometer vor dem Leuchtturm. Von der Campsite und dem benachbarten Parkplatz führt ein etwa 1,5-stündiger Wanderweg zu den Putangirua Pinnacles (siehe Seite 202).

Unterkünfte:
- *Putangirua Pinnacles*, Standard DOC Campsite mit 50 Stellplätzen ohne Strom, mit Toilette und Wasser, 8 NZD/Erwachsene, 4 NZD/Kinder ab 5 Jahren (Selbstregistrierung)
- *Palliser Break Beach House*, typisch neuseeländisches Ferienhaus mit 3 Schlafzimmern, 165 NZD/Nacht f. 2 Personen, 34 Seaview Avenue, 5772 Ngawi, Tel. 06-3065010
- *Lake Ferry Hotel*, DZ ab 75 NZD, im Schlafsaal ab 35 NZD, 2 Lake Ferry Road, Lake Ferry/Featherston 5772, Tel.: 06-3077831, E-Mail: info@lakeferryhotel.co.nz, Web: www.lakeferryhotel.co.nz

Bildnachweis:
Flickr / AdriaanC S. 76 | Flickr / Amesbury School S. 120 | Flickr / Janette Asche S. 144 | Flickr / Krzysztof Belczyński S. 42 | Wikimedia Commons / Muriel Bendel S. 81 | Flickr / Alan and Flora Botting S. 40 | Flickr / Phillip Capper S. 134/135 | Flickr / Graeme Churchard S. 70/71, 88/89 | Flickr / Department of Conservation S. 50 o, 64, 150 | Flickr / Lucid Dreamer S. 24/25 Flickr / Eli Duke S. 74 o | Flickr / Robert Engberg S. 145 | Flickr / Felix Engelhardt S. 189 | Arctic Falcon CC BY SA 30 S. 36 | Flickr / John Finkelde S. 80 www.greatbarriernz.co.nz S. 63 | Flickr / Christina D.C. Hoeppner S. 96/97, 166/167, 168 o | Flickr / Antoine Hubert S. 190 | Flickr / ItravelNZ S. 11, 17, 26, 32, 58, 59, 60, 62, 104, 108, 138 | Flickr / jamjar S. 52 o | Wikimedia / Jmc226 S. 149 | kai-iwi-lakes.co.nz S. 43 | Flickr / Jun Kaneko S. 146 | Flickr / Andrea Lai S. 46/47 | Maps4News S. 10, 48, 72, 94, 132, 158, 188 | Flickr / Michael Lejeune S. 202, 204 | Flickr / Andrew Lynch 2 S. 176 | Flickr / David Lynch S. 110 | Jenny Menzel S. 4, 54, 55, 56, 73, 74 u, 84, 85, 86, 112/113, 114, 116/117, 118, 122, 123, 124, 126/127, 128, 172, 175, 191, 200, Rücks. | Flickr / Karin Noresten S. 186/187, 207 | www.nzfrenzynorth.com S. 44 | Flickr / Dave Ozanne S. 168 u | Flickr / pbkwee S. 77, 151 | Flickr / portengaround S. 41 | Wikimedia Commons / Pseudopanax S. 170/171 | Public Domain S. 28, 29, 30, 31, 49, 50 u, 52 u | Wikimedia / C Rodliffe S. 160 | Flickr / Rosino S. 78, 195 | RotoruaNZ S. 106/107 | Oren Rozen CC-BY-SA 30 S. 18/19 | Flickr / russel-street S. 23, 33, 34, 66, 67, 68, 90, 91, 130/131, 133, 148, 152, 162, 198/199, 206 | Flickr / Justine Sanderson S. 22 | Flickr / Slds1 S. 37 | Flickr / staggnz S. 194 Flickr / Brian Taylor S. 92/93 | Charles Blomfield 1886 Te Papa S. 98/99 | Flickr / Sheila Thompson S. 38/39 | Tourism New Zealand S. 1 | TravelEssence S. 154,155 | Rob Tucker S. 156/157, 174, 176 o, 178/179, 180, 182, 183 | Flickr / Jasper vant Veen2 S. 82 | Eastwoodhill Arboretum S. 140/141 | Wikimedia / Wilma Verburg S. 142 | Flickr / Natalia Volna S. 12, 14 | Waikato Tourism S. 158, 159, 163, 164 | Flickr / Floyd Wilde S. 136 | Flickr / Les Williams S. 102 Wikimedia / Aidan Wojtas S. 184 | Flickr / Piotr Zurek CC-BY-SA 20 S. 8/9

2. Auflage — Jenny Menzel

NEUSEELAND
NORDINSEL

50 Highlights abseits der ausgetretenen Pfade

AUSGESCHIEDEN

Büchereien Wien
Am Gürtel
Magistratsabteilung 13
Urban-Loritz-Platz 2a
A-1070 Wien

360° medien
mettmann

Vorwort

Neuseeland lockt jedes Jahr mehr Reisende ans andere Ende der Welt – und zwar mit Naturwundern und Superlativen, die inzwischen sogar diejenigen kennen, die noch nie das „Land der langen weißen Wolke" besucht haben.

Wer hat noch nicht auf irgendeinem Foto die eindrucksvoll aufragende Pyramide des Mount Taranaki gesehen, die farbenfroh blubbernden, stinkenden Thermalfelder von Rotorua oder den im Wasser stehenden Mitre Peak am Eingang zum Milford Sound? Mit der Zunahme des Tourismus hat sich auch in Neuseeland ein „Trampelpfad" ausgetreten, auf dem unzählige Miet-Wohnmobile und Tourbusse sich von einem „Must See" zum nächsten schlängeln.

Allein von diesen „Must Sees" bietet Neuseeland eine ganze Menge, die man auf einer einzigen Reise durch das Land niemals alle sehen wird. Sie alle verbindet eines: Man ist dort (fast) nie allein, und man sieht immer nur das, was schon tausende andere gesehen haben.

So manchem Neuseeland-Fan genügt das nicht mehr – und wer es einmal ausprobiert hat, vom ausgetretenen Touristen-Trampelpfad abzuweichen, der wird es immer wieder tun. Denn anders als viele andere Länder bietet Neuseeland an jeder Ecke große und kleine Naturwunder, Orte mit viel Geschichte und einer so unberührten Atmosphäre, dass man sich wirklich als Entdecker fühlen kann.

Ich lade Sie in diesem Reiseführer ein, die „anderen" Sehenswürdigkeiten auf Neuseelands Nordinsel zu entdecken: paradiesische Strände, die (wenn überhaupt) nur von Einheimischen besucht werden, verwunschene Thermalpools mitten im Wald, spektakuläre Wanderwege, auf denen man stundenlang allein unterwegs ist, kulturelle Stätten, die kein Tourist besucht.

Nicht jede Sehenswürdigkeit in diesem Buch ist ein „Must See", aber alle sind es wert, gesehen zu werden – denn in ihrer Gesamtheit ergeben sie ein wesentlich authentischeres Bild von Neuseeland als alle touristischen Hotspots zusammen.

Sie wollen in der Hauptsaison durch Neuseeland reisen und haben Sorge wegen des Touristenrummels? Sie waren schon ein paarmal in Neuseeland und glauben, Sie haben alles gesehen? Dann ist dieser Reiseführer der Richtige für Sie. Entdecken Sie Neuseeland abseits der ausgetretenen Pfade – auf Englisch „off the beaten track".

Lassen Sie sich Lust machen von farbenfrohen Fotos und kurzen, prägnanten Texten, finden Sie Ihren Weg mit präzisen Wegbeschreibungen und genießen Sie Ihren Aufenthalt mit vielen praktischen Informationen zur Anfahrt, Unterkünften in der Nähe oder Öffnungszeiten. Die 50 Attraktionen, die ich für die Nordinsel zusammengestellt habe, sind natürlich nur eine winzige Auswahl aus dem Reichtum, den Neuseeland zu bieten hat – wer die Augen offen hält, der wird noch viel mehr versteckte Juwelen finden. Manchmal liegen sie direkt neben den großen Attraktionen!

Ob Sie Ihre Geheimtipps weitersagen sollten, entscheiden Sie allein. Ich wünsche Ihnen viel Spaß und spannende Entdeckungen beim Abseits-Gehen!

Jenny Menzel

Inhaltsverzeichnis

Far North und Northland 8
1. Pakiri Beach: Top-Kandidat für Neuseelands schönsten Strand ...10
2. Te Koutu Boulders: die großen Brüder von Moeraki 14
3. Giant Sand Dunes: sandiges Vergnügen in Te Paki 18
4. Rarawa Beach mit Mermaid Pools: ein Traum in Weiß 22
5. Karikari Peninsula: Strand-Himmel auf Erden 24
6. Omahuta Forest Sanctuary: bedrohte Giganten 28
7. Waipu Caves: Höhlenabenteuer mit Glimmer-Effekt 32
8. Whangaroa: der perfekte Zwischenstopp 36
9. Urupukapuka Island: hinter den Kulissen in der Bay of Islands... 38
10. Kai Iwi Lakes: Millionen Jahre altes Kinderparadies.................42

Auckland Region.. 46
11. Motuihe Island: kleine Insel mit viel Geschichte....................... 48
12. Auckland Night Markets: ein Stück asiatische Lebensart..........52
13. Muriwai Beach: verstecktes Juwel im Schatten von Auckland.. 54
14. Mokoroa Falls: Kleinod am Wegrand... 58
15. Kaitoke Hot Springs: Geheimtipp im Geheimtipp 62
16. Awhitu Peninsula: Hierher kommen nicht einmal die Kiwis 66

Coromandel und Bay of Plenty...70
17. Waihi Gold Mine: das „goldene Herz"
    der CoromandelPeninsula.. 72
18. Karangahake Gorge Windows Walk: Fenster in
    die Vergangenheit 76
19. 309 Road: Roadtrip für Fahrkünstler.. 80
20. (Waiau) Works: nasser Spaß im „bush" 84
21. Tokatea Lookout: Aussichtspunkt mit Geschichte 88
22. Kaiate Falls: Badevergnügen bei Tauranga 90

Rotorua und Central North Island..92
23. Waimangu Volcanic Valley: Phönix aus der (Vulkan-) Asche 94
24. Hamurana Springs Track: Kurztrip in den Märchenwald 102
25. Waitangi Soda Hot Springs: Thermalbaden
    wie in guten alten Zeiten... 104

26. Ohinemutu Village: Rotoruas lebendige Geschichte................106
27. Kerosene Creek: Spa im Wald...110
28. Mangawhero Falls: Abstecher für Film-Fans 112
29. Orakei Korako: versteckte Thermal-Attraktion 116
30. Te Porere Redoubts: neuseeländische Kriegsgeschichte(n).....120
31. Mead's Wall: spektakulärer Ausflug ins Skigebiet 122
32. Waitonga Falls Track: Wasserfälle am Mount Ruapehu.......126

East Cape und Hawke's Bay 130
33. East Cape: die vielleicht abgelegenste Region Neuseelands....132
34. Tarawera Hot Springs: Wellness à la Kiwi.............................138
35. Eastwoodhill Arboretum: exotische Pflanzen aus Europa 140
36. Mahia Peninsula: ein Kiwi-Ferienparadies............................. 144
37. Rere Falls and Rockslide: echter Kiwi-Freizeitspaß 148
38. Lake Waikareiti: ein See mit Geheimnis 150

Waikato und Taranaki 156
39. Wairere Falls: großes Getöse bei Matamata...........................158
40. Mangapohue Cave Walk: klein, aber fein 162
41. Ruakuri Tunnels: geheimnisvolles Höhlenlabyrinth...............166
42. Kawhia: heißer Sand und eine lange Geschichte 170
43. Von Raglan nach Ruapuke Beach: Neuseelands
    schönster Roadtrip 174
44. Tongaporutu Beach: wunderbar wechselhafte Küste! 178
45. Forgotten World Highway: Fahrt durchs Nirgendwo 182

Wellington Region 186
46. Whanganui River Journey: Mehrtageswanderung
    ohne Laufen 188
47. Kapiti Island: Vogelparadies mit langer Geschichte 194
48. Castlepoint: spektakulär und unbekannt..................................198
49. Putangirua Pinnacles: geologisches Grusel-Spektakel............ 202
50. Cape Palliser: der südlichste Punkt der Nordinsel.................. 204

Far North und Northland

1. Pakiri Beach: Top-Kandidat für Neuseelands schönsten Strand
2. Te Koutu Boulders: die großen Brüder von Moeraki
3. Giant Sand Dunes: sandiges Vergnügen in Te Paki
4. Rarawa Beach mit Mermaid Pools: ein Traum in Weiß
5. Karikari Peninsula: Strand-Himmel auf Erden
6. Omahuta Forest Sanctuary: bedrohte Giganten
7. Waipu Caves: Höhlenabenteuer mit Glimmer-Effekt
8. Whangaroa: der perfekte Zwischenstopp
9. Urupukapuka Island: hinter den Kulissen in der Bay of Islands
10. Kai Iwi Lakes: Millionen Jahre altes Kinderparadies